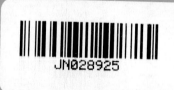

# 税金とお金

サクッとわかるビジネス教養

村形 聡 監修
税理士法人ゼニックス・コンサルティング CEO
税理士、公認会計士

新星出版社

# はじめに

introduction

## 難しいのに知らないと損をする税金の仕組み
## 損をしないためには、「なんとなく」をつかむ

皆さん、税金を納めるのって嫌ですよね。もちろん、「納税」が国民の義務であるなんてことは、小学校で習いましたし、百も承知でしょう。国が提供する公共サービスは、皆さんが納める税金によって賄われていて、教育も、交通も、医療も、国防だって税金がなければ成り立たないということはわかっていますよね。

でも、嫌なものは嫌。私も30年の長きにわたって税理士として仕事をしている身ですが、正直いうと、税金を納めるときは、気持ちがブルーになります。

乱暴ないい方をすれば、税金というのは、国家が善良な市民からお金を巻きあげるシステムに他なりません。とんでもない悪行にも見えますね。本当にとんでもない話です。でも、そんなとんでもない話であるがゆえに、税金をどのように徴収するのか、どんな人が、どのくらい税金を納める必要があるのかといったことが、かなり綿密に法律によって定められています。不公平のないように、それぞれの納税者の事情に可能な限り配慮して、最低限の税負担を課そうという努力がなされています。私は、税

の専門家ですから、そのような国側の努力について詳しく知っていますので、税金の制度については、それほどひどいものではないと思っています。

ここで大切なことは、皆さんが税の法律を熟知しているわけではないということです。そして、「知らない者は損をする」ということは間違いのない事実です。知らなかったために、余計な税金を納めなければならないといった場面は本当に少なくありません。山ほど見てきました。もちろん、全てのことが税法規にちゃんと書いてはあるんですが、条文は大量で、しかも難解です。忙しい皆さんには、税法を読み解くなんていう時間があるわけないですね。

そこで、忙しい皆さんが簡単に読めて、損をしない程度に税金のことを「なんとなく」知っておいてもらうための本を作ることとしました。普通の会社員の皆さんを対象に、なるべくわかりやすくまとめてみました。皆さんには、税金のことで、これ以上損をして欲しくないんです。

この本が、皆さんに損をさせないための一助になれば、喜ばしい限りです。

村形聡

サクッとわかるビジネス教養

# 税金とお金

CONTENTS

## Chapter 2

# 手取りはどう決まる？ 所得にかかる税金

## Chapter 3
## マイホーム・投資・老後資金… 資産にかかる税金

Chapter 4

## 円満に手続きを行うために 相続・贈与にかかる税金

CREDIT

デザイン……鈴木大輔・仲條世菜（ソウルデザイン）
イラスト……玉田紀子
DTP…………高八重子
編集協力……水嶋洋大



## Chapter 5

## 家計への影響は最も大きい？

# 暮らしに関わる税金

# 知らないと損する？ 税の仕組み

「税金って、こんなに取られるの…?」と、給与明細や帳簿を見て肩を落とした経験はありませんか? 企業も個人も、税負担が年々増えつつあるのは事実ですが、もしかすると**基本的な仕組みを見落としている**だけかもしれません。

**税の世界は公平**さが大切。公平であるということは、「同じ経済力であれば、同じように税金を払う」はず…ですが、**知識がなければ損をする**ということが実際にはあります。難しいことは後回し。まずは基本をおさえて、**納得感のある納税**を目指しましょう。

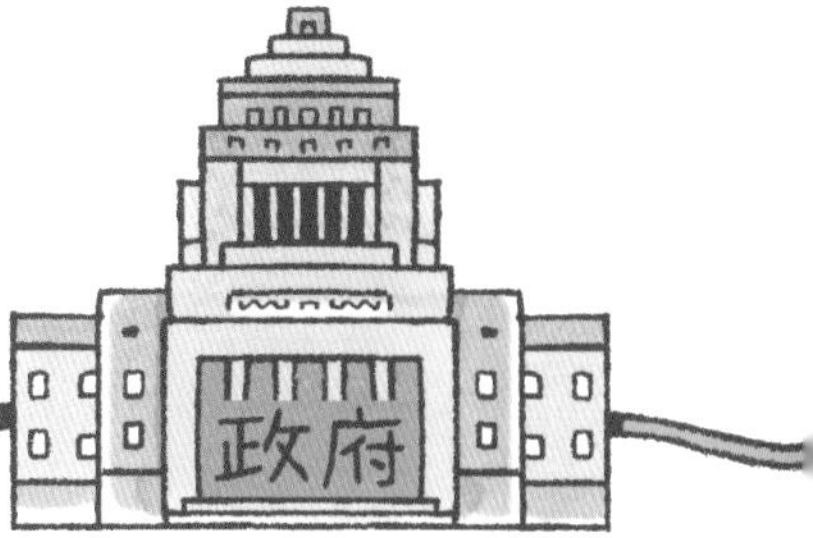


# を知って賢く納税

怪しい節税テクニックは不要。基本だけおさえて、利用できる仕組みはきっちり利用。

# 税制は複雑？

# 大事な場面・大事なことに絞ればOK

「控除」「超過累進税率」「分離課税」…。聞いたことはあるけれど、中身についてはよくわかっていない、そんな言葉に心当たりはありませんか？

税の世界には、日常で触れる機会が少ない独特な言葉や考え方があります。加えて、税金が決まる**仕組みや計算方法も複雑**です。とはいえ、それらは生活を送り**税金を払う過程で、実は意識せずに体験していること。身近な例に置き換え**ながら、自分にとって**必要な仕組みに絞って**知識を身につければ、大枠は必ずつかめます。

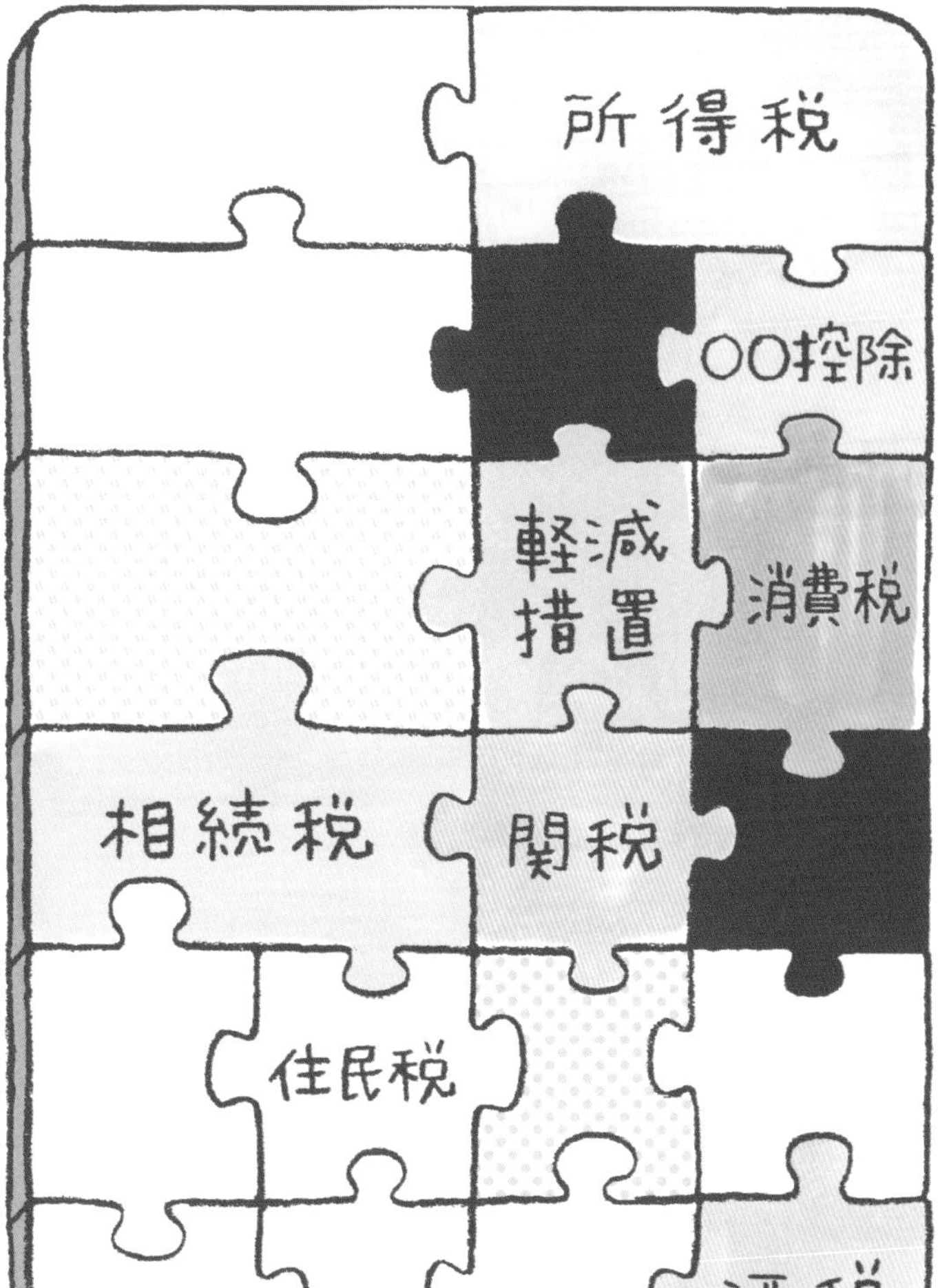


給料にかかる税金、マイホームにかかる税金、相続にかかる税金…。自分に必要な税金の知識が身につけば、別の知識も理解しやすくなります

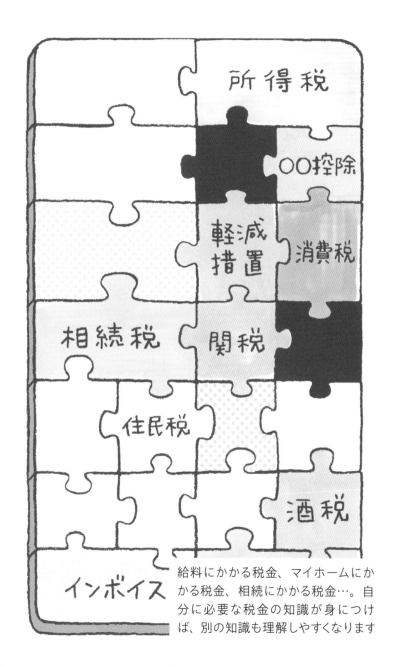

## 戦後税制の礎を築いた「シャウプ勧告」

安定的な税制確立のため、アメリカからシャウプ使節団が来日。シャウプ勧告書により青色申告制度など、戦後税制の基礎が築かれる。

## 高度経済成長期と間接税

大量生産、大量消費の時代。物品税をはじめとする各種間接税は、急速に変化する市場や新商品への対応に追われた。

現代日本の税制は戦後にその基礎が築かれました。公平な税制の確立を目指して所得税中心の税収体系がつくられ、時代が下るにつれて、現在は消費税の占める割合が増えつつあります。

税は政府や地方自治体の財源となるためだけではなく、景気の調整や格差の是正、産業の育成といった役割も担います。社会の形が変われば、それに対応するために税制のあり方も変わります。裏を返せば、**税の基本を知ることで世の中の動き、社会のこれからが見えてくる**のです。

# 世の中の動きを反映
# 税制は社会の歩みとともに

## バブル崩壊
## 低迷が続いた税収

90年代初頭、バブル経済が崩壊。税収はバブル期をピークとして低迷が続き、2018年度までバブル期のピークを超えなかった。

## 増える消費税収
## 「貯蓄から投資へ」の時代

社会保障費捻出のため引き上げられる消費税。一方、「人生100年時代」の資産形成を投資へと促す優遇税制が導入される。

今

Column

1

# 税収増で社会は良くなる？知識を身につけ、見極める

2022年度、税収が過去最高を更新。背景には物価高などの影響に加え、消費税引き上げをはじめとする増税も貢献しています。政府は数年前から「社会保障と税の一体改革」を掲げ、高齢者への手厚い給付を是正し、現役世代にとっても受益感のある社会保障制度への転換を打ち出しています。2014年、2019年に行われた消費税の増税は、この方針のもとに行われました。消費税は安定した税収が見込める優秀な税金ですが、逆進性（→P35）があり、収入が少ない現役世代にとって、かえって負担感があるという見方もあります。税収は必要、とはいえどのように集めるべきか。その負担や使い道が一国民として納得のいくものであるか意見を持つために、税の仕組みについて知ることは決して無駄になりません。

「社会保障と税の一体改革」では、社会の支え手を現役世代のみならず高齢者を含む全ての世代に設定している。

Chapter 1

なぜ必要？　なぜ複雑？

# 基本でわかる税金の仕組み

誰もが避けては通れない納税。暮らしの当たり前を支えている税金はどのように集められ、使われるのでしょうか。税金の基本をみていきましょう。

# 税金は何のために納める？基本のキを知る

税金がなければ社会は成り立ちません。税金が必要な理由や仕組みの基本を知って、税金の大まかな意義や性格をつかみましょう。

**これだけおさえる!**

- 税金は国民にとって暮らしを支える財源
- 税金の集め方、使い方は社会の方向性を決める
- 税法の考え方を把握する

# もしも税金がなかったら…

# 社会のあり方を左右する 税金の中身と使われ方

Topic 1

## 税収は財源のキモ 政策を実現する手段

税金は国の収入において大きな比率を占める。国の予算と密接な関係があるため、税収が多いか少ないかは、政策方針に大きく関わる。

税金は国家運営に欠かせない要素です。日本においても、納税は憲法で国民の義務の1つに定められています。改めて、なぜ税金は必要なのでしょうか。税金は**国の収入であり、政策を実行するための手段**です。私たちにとっては、社会で生活するための会費ともいわれます。

具体的に、税は3つの機能によって社会を支えています。

1つ目は「**公共サービスの財源調達**」。年金や医療費などの社会保障、水道・道路・学校といった社会資本の整備、安全な社会に欠かせない警察・

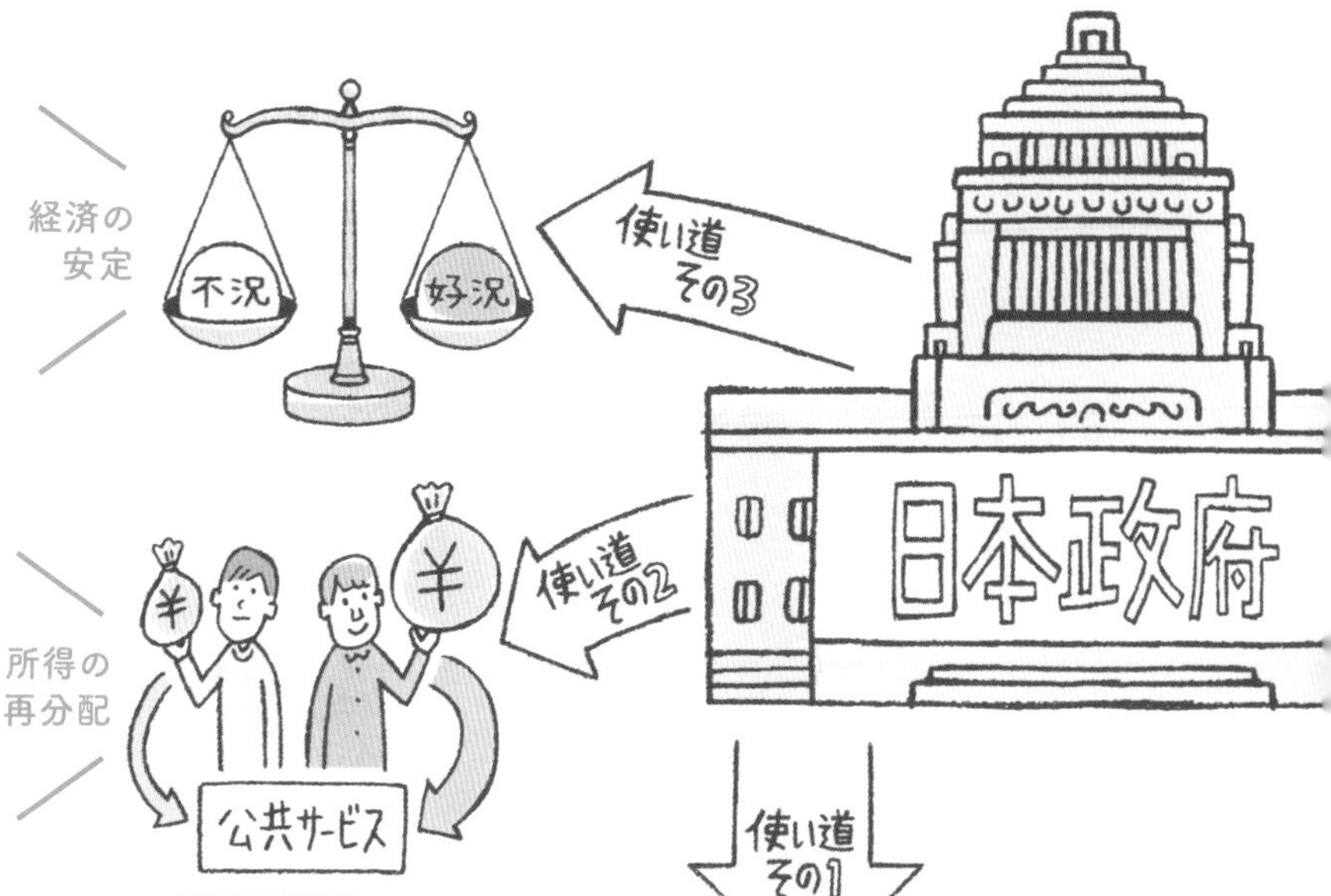


Topic 2

## 税の役割は3つ
## 社会・経済が変わる

使い道があってこその税金。予算の配分がどのように行われるか、毎年行われる予算編成や税制改正から社会の方向性が見えてくる。

消防・国防などを供給するための財源となります。

　2つ目は「**所得の再分配**」。大きな儲け（収入）に対してはより多くの税金を課して、社会保障などを通じて社会に還元することで経済格差を是正する使い道です。

　3つ目は「**経済の安定**」。好景気には増税、不景気には減税することで、消費を調整して経済を安定させる機能を持ちます。

　税金は社会インフラの提供とともに、経済や社会のあり方を変える重要な役割を担っているのです。

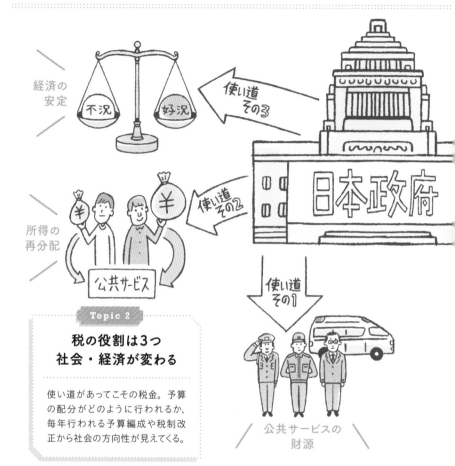

Topic 1

# 日本の税収構造と税の使い道

## 所得税中心の税収構造から基幹3税が支える構造へ

明治時代から始まった所得税は、長く国税の中心だった。その後、法人税や消費税の創設、所得税の最高税率見直しなどを経て、基幹3税が支える構造へと変化。近年は消費税が所得税の収入を超えた。

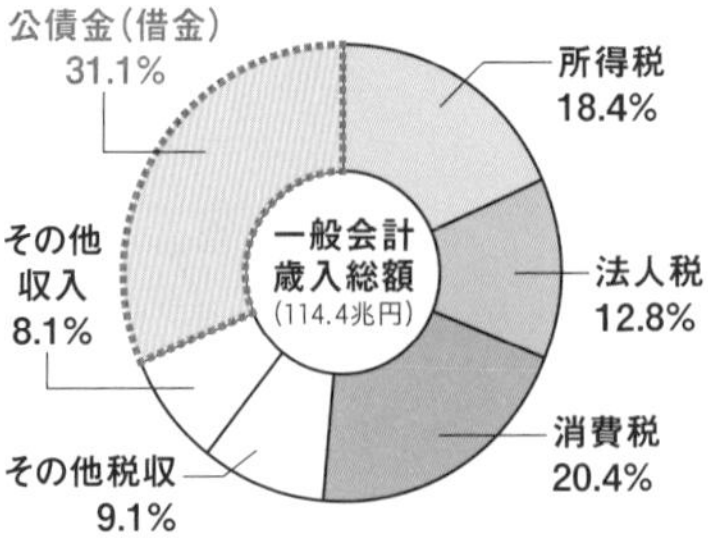


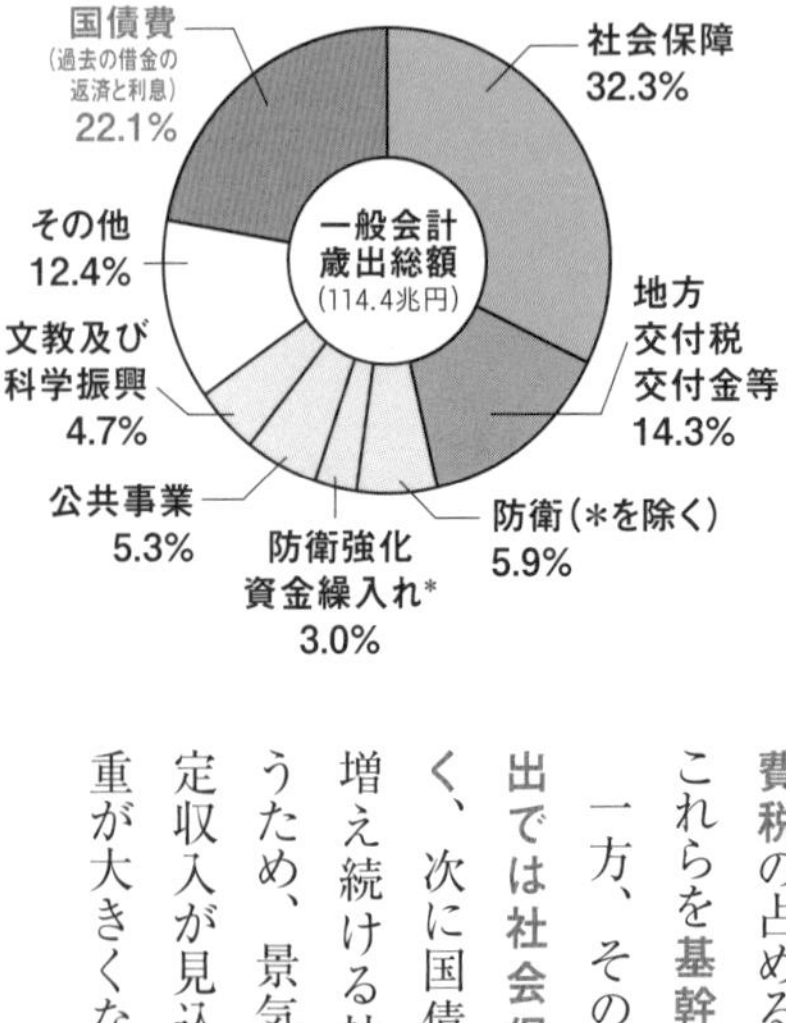


## 増える社会保障関係費 赤字が続く基礎的財政収支

税収・税外収入と、国債費を除く歳出との収支を基礎的財政収支という。収支の赤字が続き公債依存度も高いため、将来世代の負担増や新たな政策に財源を使えない「財政の硬直化」が懸念されている。

国の年間収入（歳入）は大まかに税金と公債金、その他の税外収入に分けられます。公債は企業や国民から資金を借り入れる債務です。税金で足りない分を補う性質上、歳入の基本は税金にあります。中でも所得税、法人税、消費税の占める割合が大きく、これらを基幹3税といいます。

一方、その使い道である歳出では社会保障費が最も高く、次に国債費が続きます。増え続ける社会保障費を賄うため、景気に左右されず安定収入が見込める消費税の比重が大きくなりつつあります。

グラフ上・下ともに財務省HP「日本の財政を考える　日本の財政構造」より

Topic 1

# 政府の“大きさ”で変わる税負担

## 大きな政府

市場への介入や福祉の充実を図る。その分、行政コストが高く税負担が大きくなる。

例 フランス、デンマーク、ノルウェー

## 小さな政府

市場への介入や福祉は最小限に。その分、行政コストが抑えられ税負担が小さくなる。

例 韓国、日本、オーストラリア

## 国民負担率

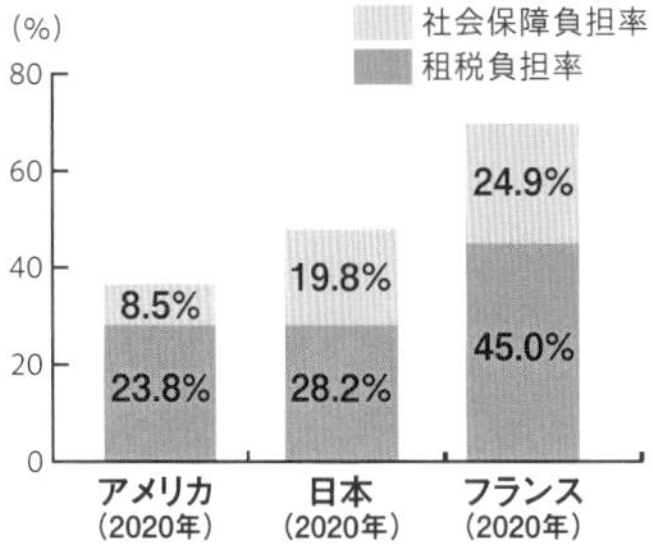


## 対GDP比社会支出

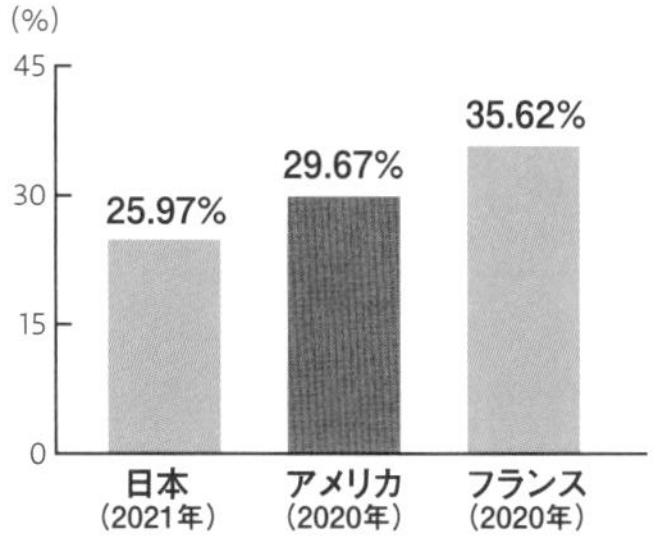


国民負担率が高いフランスでは、GDPに占める社会支出（社会保障にかかる支出）の割合も高い。

税負担が大きい代わりに行政の担う役割も大きい政府を「**大きな政府**」といい、その反対を「**小さな政府**」といいます。大きな政府の代表例であるフランスでは、所得に対する税金等の負担割合を示す国民負担率が約7割。4割から5割を推移する日本と比べて高く、その分、出産にかかる費用が無料になるなど、社会保障制度が充実しているのが特徴です。諸外国の税制を比較する際は、**税負担のみではなく、負担に見合う利益を享受できているか**といった観点からも見る必要があります。

グラフ左：財務省「国民負担率の国際比較」（2023年）、グラフ右：国立社会保障・人口問題研究所「社会保障費用統計の概要」（2021年）より

Topic 2

# 税金の使い道＝予算はどう決められる？

## 予算案は財務省が作成<br>要望をまとめて国会で議決

予算編成は各省庁が財務省に必要金額を提出するところから始まる。提出された金額について財務省が内容の妥当性を検討後、内閣が予算案を作成。予算案は国会で話し合われ、採決が行われる。

### 《 一般会計と特別会計の比較 》

| | 一般会計 | 特別会計 |
|---|---|---|
| 特徴 | 一般行政に必要な経費を賄う | 特定の事業や資金を運用する |
| 用途 | 公共事業、社会保障など | 震災復興、国債償還など |
| 財源 | 所得税、消費税、国債発行など | 目的に応じた特定の財源 |
| 金額 | 約114兆円（2023年度） | 約442兆円（2023年度） |

財務省HP「令和5年度予算政府案」より

税金など、国のお金の使い道は、国会で議決される予算によって決められます。予算は、各省庁の必要金額を算出して検討され、一般会計と特別会計から構成されます。一般会計は政府の基本的な収入と支出を管理するのに対して、特別会計は震災復興など特定の目的や事業のために設けられ、特定の税収などによって賄われます。一般会計だけでは経理が複雑になり、不明瞭になりがちなお金の流れを、会計を別に分けて設けることで、それぞれの事業の資金運用を明瞭にしているのです。

Topic 2

# 税制は世相の写し鏡

## 税制は社会の状況や世界情勢を反映

平成の税制改正では社会保障の負担格差を是正するため、消費税や、個人投資を促す優遇制度などが導入された。近年は厳しさを増す世界情勢を鑑みて、防衛費増額のための増税も議論されている。

## 育てたい産業には減税も? 租税特別措置

税の優遇措置を設けることを租税特別措置という。IT 投資を進める企業を、税額控除(→ P72) を通じて支援する DX (デジタルトランスフォーメーション) 投資促進税制などがその例。

例年、予算編成作業と並行して行われるのが税制改正の作業です。刻々と変化する時勢に合わせて、予算とともに、その収入源である税金をどのように集めるかも毎年の調整が必要なのです。税制改正では、税率の変更や新たな税制度の導入などを通じて収入・支出を増やすほか、減税を行って民間の消費や投資を促進することもあります。改正の要点をまとめた大綱は財務省のWebサイトで公開されるので、経済・社会の今後について、税制から政府の狙いを読み取るのも面白いでしょう。

# およそ50種類!
# 日本のさまざまな税金

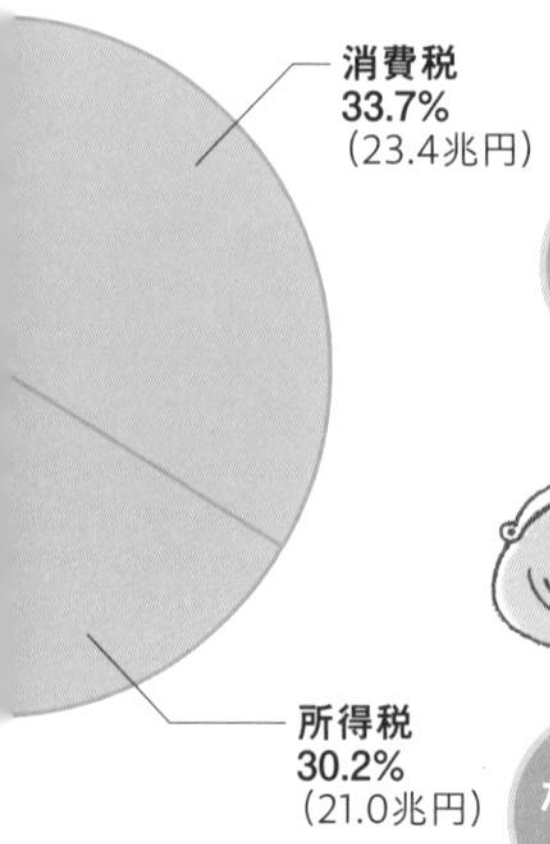

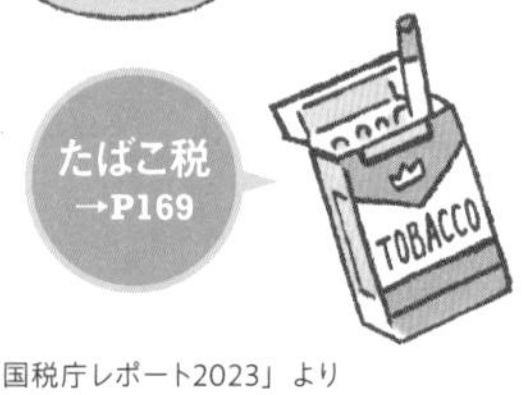


グラフは国税庁「国税庁レポート2023」より

**Topic 1**

## 課税主体による分類
## 国税と地方税

国に納める税金を国税、地方自治体に納める税金を地方税という。消費税のように国税と地方税を合わせて課される税金もある。

## 消費にかかる税

モノ、サービスの売買に関わる税金。消費税のほか、酒やタバコ、ゴルフ場の利用といった特定の嗜好品や娯楽にかかる税金もある。

日本の税金は約50種類あります。基幹3税のように課税対象が幅広いものから、ゴルフ場利用にかかる税のように細かなものまで多種多様です。税金の種類が多いと税制の複雑さは増してしまいますが、**幅広い対象から税金を集めることで公平性が担保される**という側面もあります。

たくさんある税金には、分類の仕方がいくつかあります。モノやカネのやり取りに注目して、経済活動のどの局面で税金がかかるかによって分類すると、**所得**、**消費**、**資産にかかる税金**に分けられます。

Topic 2

## 納め方による分類 直接税と間接税

税を負担する人と納める人が同じ税を直接税、異なる税を間接税といい、税の集めやすさが異なる。

### 資産にかかる税

資産の所有に対してかかる税金で、固定資産税や相続税などが含まれる。税収に占める割合は少ない。

### 所得にかかる税

個人の稼ぎにかかる所得税、法人の稼ぎにかかる法人税等を含み、税収の約5割を占める。個人住民税も所得を基準に算出される。

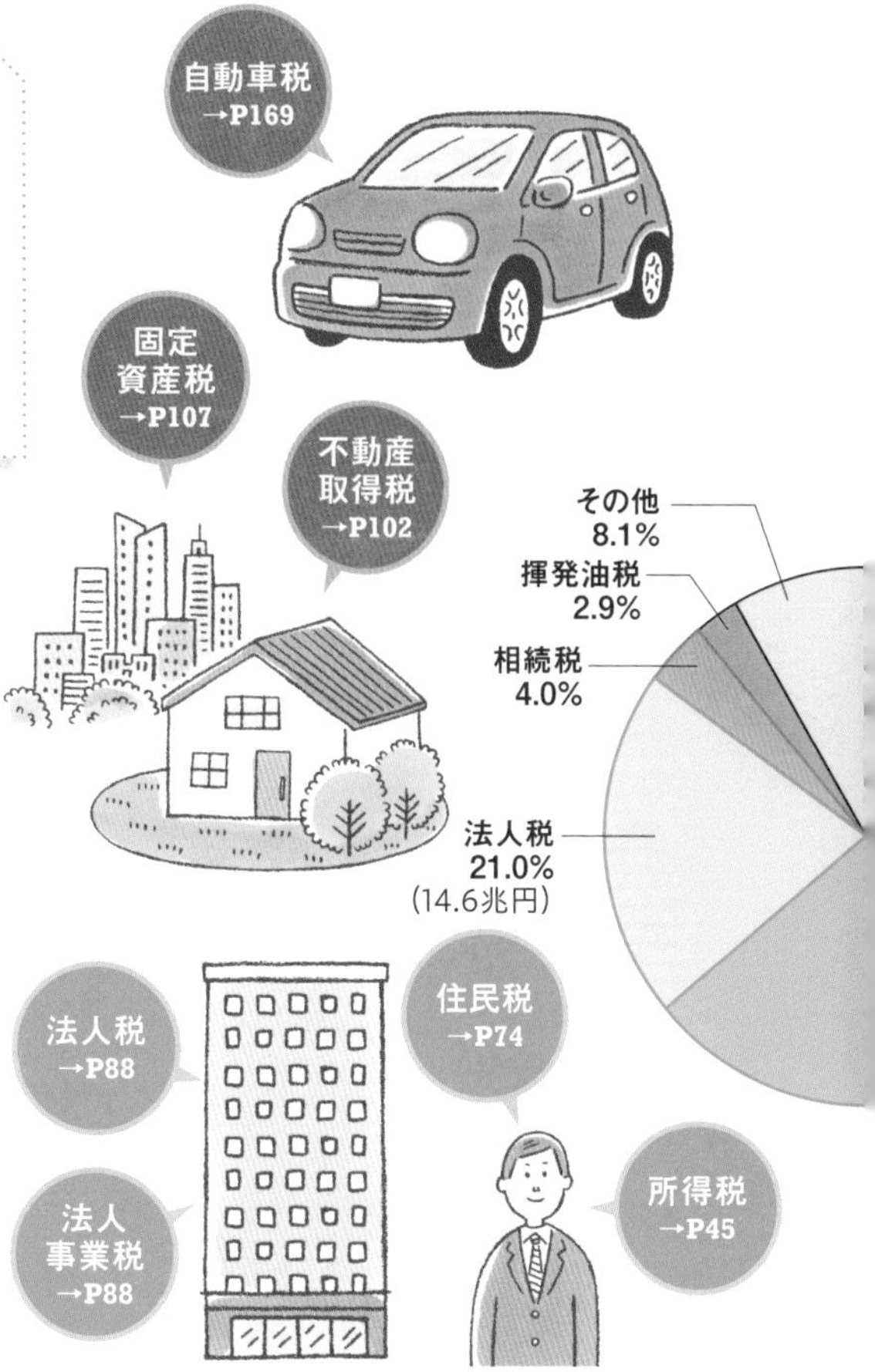


また、**使い道が決まっている目的税**、**使い道が特定されていない普通税**といった分け方もあります。たとえば、期間限定で所得税に上乗せして徴収される復興特別所得税は、東日本大震災からの復興財源に充てるための目的税として創設されました。

他には、国か地方自治体か、税金を課す**課税主体の違い**や、**税金を負担する主体の違い**による分け方もあります。税金の分け方を知ると、税金ごとに、それらがもたらす経済効果や性質を理解するのに役立ちます。

Topic 1

# 誰が税金を徴収するか　国税と地方税

## 地域住民が負担する地方税<br>不足分は国税から再配分

地方自治体は一定水準の行政サービスを提供することが求められるが、現実には地域によって税収の偏りが生じてしまう。そのため、不足分は国から配分される地方交付税によって賄われる。

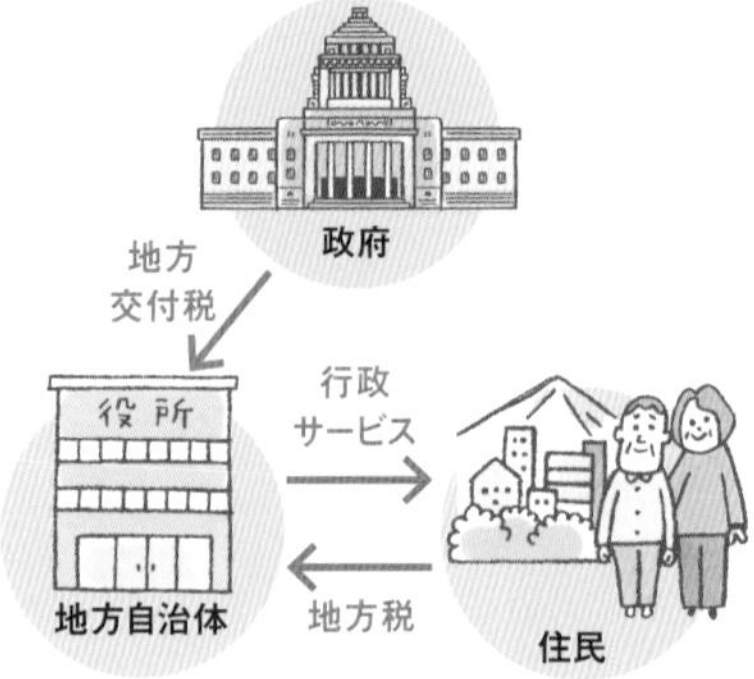

課税主体による分類では、国によって徴収される国税と、地方自治体によって徴収される地方税に分かれます。国税は基幹３税をはじめ、関税や相続税などを含み、税務署が管理を担当します。

一方、地方税には個人住民税や自動車税などが含まれ、自治体の税務事務所や税務課が管理します。身の周りの上下水道やゴミ収集など、地域の実情に合った行政サービスの提供は、地方税により賄われます。地方自治体の財源は、国税から再配分される地方交付税によっても賄われています。

Topic 2

# 誰が税金を負担するか 直接税と間接税

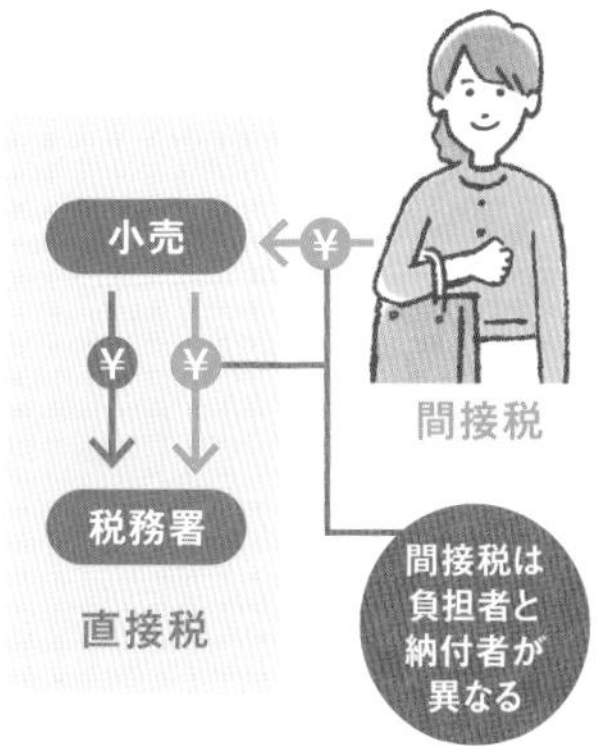


## 消費税は間接税 納税の義務は事業者

代表的な間接税である消費税では、消費者が商品の購入時に消費税を事業者に支払い、事業者が消費者に代わって納税。仕組み上、消費者個人の事情を考慮した減税などは難しく、税金は一律に徴収される。

## 直接税と間接税の割合でみる税収傾向

税制は直接税と間接税の組み合わせで構成される。税収に占める2つの割合を直間比率といい、国の税収傾向を表す。日本は直接税の割合が高く、安定収入である間接税を高めるべきという議論もある。

| 直接税 | 間接税 |
| --- | --- |
| 税収の6割強 | 税収の4割弱 |
| 所得税 | 消費税 |
| 法人税 | 酒税 |
| 相続税 など | 関税 など |

**納税者が直接納める税金は直接税といい、税金を負担する人と納税の義務を担う人が異なる税金を間接税といいます。**直接税には所得税や個人住民税、法人税などが含まれます。間接税は消費税などが含まれ、モノやサービスの売価に税金分を上乗せして徴収した税金を納税義務者である事業者が納めます。直接税は税負担の能力に応じて徴収されるのに対して、間接税は納税者の税負担力に関わらず一律の税率が課されるため、所得の大きさや景気に左右されず、安定的な税収が見込めます。

# 「納税額が少ない」はずるい？
# 税金における「公平」の考え方

Topic 1

## 納税で「損」するとは？ 必要な手続きをおさえる

ほとんどの納税は、納税者自身の申告が必要。そのため、公平な税制でも、必要な手続きを踏まなければ、その恩恵を受けにくくなる。

社会全体で利益と負担を分かち合う税の世界では、公平性が重視されます。しかし、稼いでも税金が高くなるばかり、手元にお金が残らない税制は公平なのか、と疑問に思うこともあるかもしれません。

日本の税制は**「公平」「中立」「簡素」**であるべきという、**租税の三原則**に基づいています。中立とは、税制が個人や企業の経済活動を歪めないようにすること。簡素とは、税制の仕組みを複雑にせず、理解しやすいものにすること。

では公平とはどういうことでしょう。税における公平は2

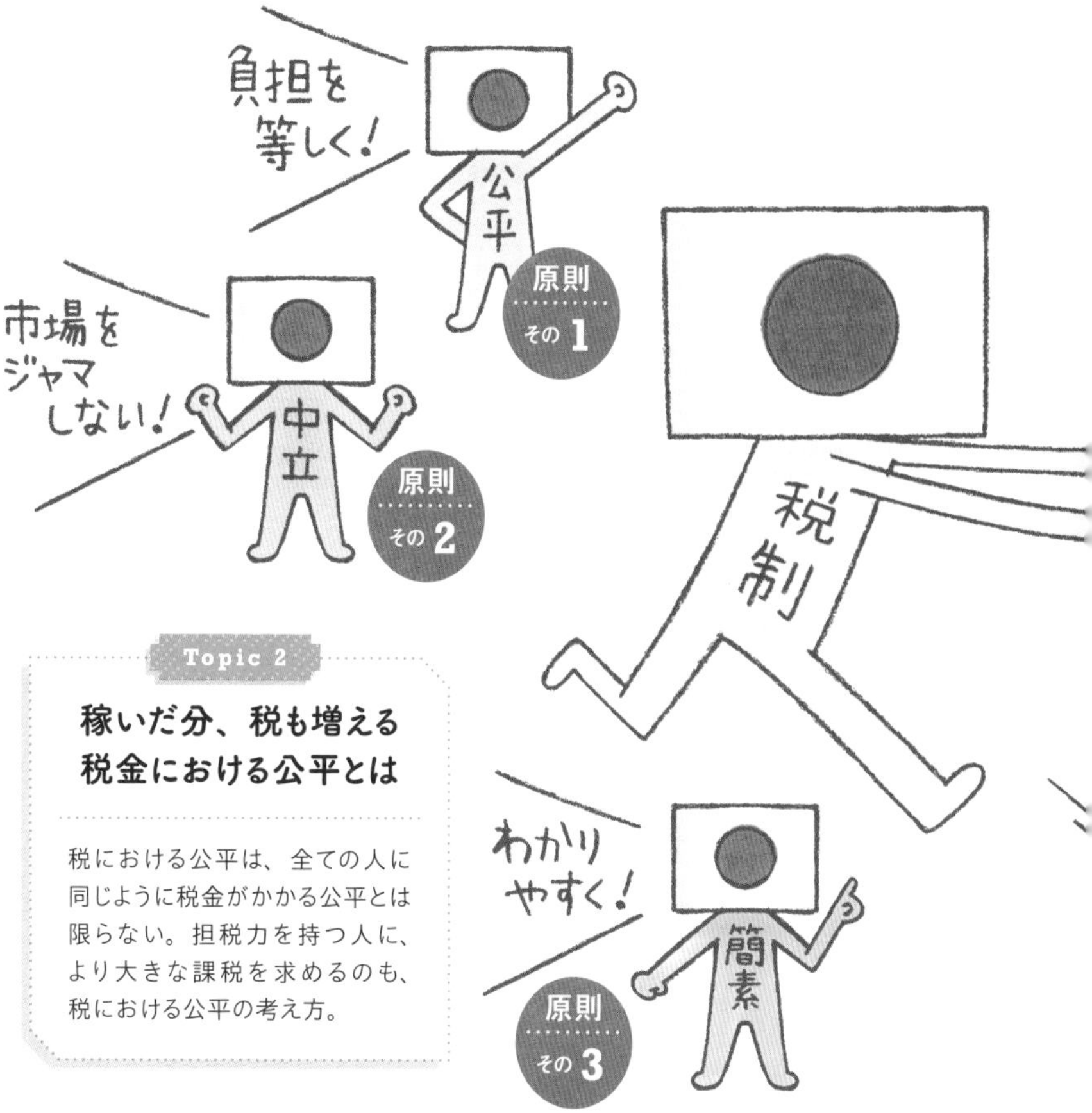


Topic 2

### 稼いだ分、税も増える税金における公平とは

税における公平は、全ての人に同じように税金がかかる公平とは限らない。担税力を持つ人に、より大きな課税を求めるのも、税における公平の考え方。

種類あり、**税を負担する能力（担税力）が同等の人に等しい負担を求める「水平的公平」**と、**担税力の大きい人により大きな負担を求める「垂直的公平」**があります。所得税の累進課税、つまり稼ぐほど税金が高くなる仕組みは、垂直的公平を実現しているのです。一方、徴収するばかりが税制ではありません。個々人の担税力が考慮されるからこそ用意された優遇措置も様々にあります。ただし、それらの恩恵を受けるためには自己申告が必要なものも多い点に注意が必要です。

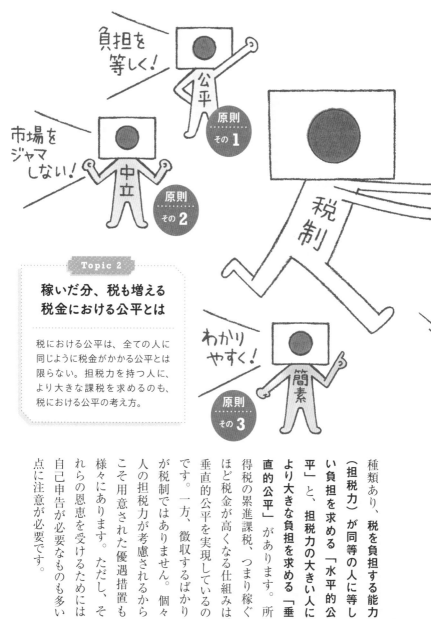

Topic 1

# 納税は自己申告が基本

## 地方税は賦課課税<br>国税は申告納税が一般的

戦前の国税は賦課課税が採用されていたが、現在ではほとんどの国税に申告納税制度が採られている。一方、個人住民税や固定資産税など地方税では賦課課税方式が一般的。

**申告納税**

- 所得税
- 法人税
- 消費税 など

**賦課課税**

- 個人住民税
- 固定資産税
- 自動車税 など

## 申告は手間がかかるが<br>メリットも用意されている

申告の手続きは手間がかかる分、賦課課税方式では汲み取れない個人の事情や経費などを反映した申告が可能に。申告することによって納税額が減り、納めすぎた場合は還付金を得ることもある。

納める税額を確定する方式には申告納税と賦課課税の2種類があります。**申告納税は納税者自身が納めるべき税額を計算して申告する方式。賦課課税は課税主体が税額を決定して納税者に通知する方式です。**会社員であれば勤務先が代わりに申告を行うためあまり知られていませんが、所得税も含め、基幹3税は申告納税です。自分で税額を確定する手続きは民主的ではあるものの、手間と責任が発生します。還付のメリットもあるため、個人で行う場合にはしっかり計算しましょう。

Topic 1

# 節税につながる“控除”の意味

### 個人の事情に合わせた控除が用意されている

家族が増えた、医療費をたくさん支払った、マイホームを買ったなど、人生の中でも大きな出費がかかる局面では、利用できる控除が様々ある。利用の有無によっては、手元に残るお金に大きな差がつく。

### 減税でも負担変わらず？“実質増税”の意味

ニュースなどで話題に上がる「実質増税」は多くの場合、従来は利用できた控除や節税策の縮小、廃止を指す。表向きは減税が強調されていても、その裏で控除が少なくなり、かえって税負担が増えていることも。

税制には、個人の事情から税を負担する能力を汲んで、様々な控除が用意されています。控除とは金額を差し引くという意味で、税金においては、税率を掛ける対象である「課税標準」や税額から、**決められた金額を差し引くことで、税負担を軽減するもの**です。例えば、扶養する家族がいる場合、扶養するためのお金が必要になることを考慮して、扶養控除が設けられています。こうした控除を利用するためには、年末調整（→P54）や確定申告（→P64）を通じて申告が必要となります。

Topic 2

# 担税力から考える公平のカタチ

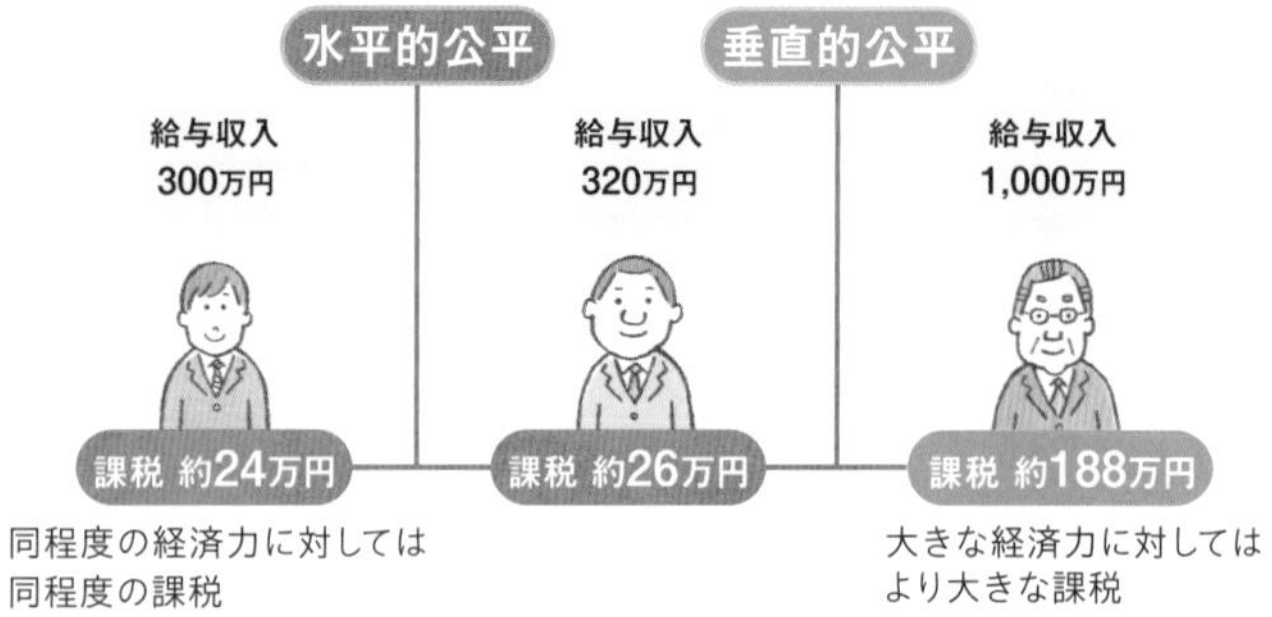

### 担税力を考慮しない重税の象徴・人頭税

応能負担でもなく応益負担でもなく、一人ひとり均等に課税する税金は人頭税といい、歴史的に各国で見られた。その多くは過剰な重税となり徴収が難しく、歴史の経過とともに別の税制に移行した。

納税は国民の義務である、ということは誰にとっても払える必要があるということでもあります。そのため、税制は担税力に応じて税を負担する「応能負担の原則」に基づき、垂直的公平と水平的公平の実現が図られています。ただし、垂直的公平を突き詰めると経済力のある個人の痛税感が高まり、働く意欲を削いでしまうデメリットもあります。そのため、消費税などのように、受けた利益に応じた負担をする「応益負担」の観点から、一律負担の税金と組み合わせることでバランスを取っています。

Topic 2

# 負担感を左右する累進性と逆進性

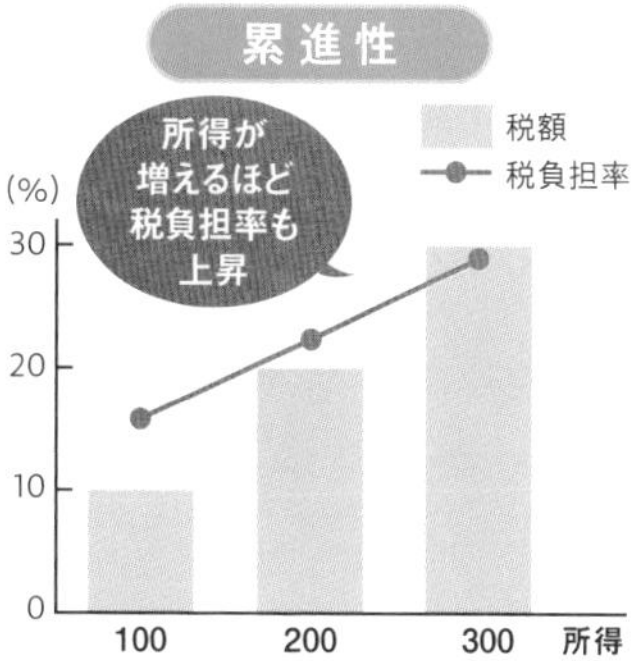


## 累進性は高所得者に不利？累進課税の工夫

課税標準額の全体に累進税率を適用する課税を単純累進税率という。単純累進税率では所得の低い方が手取りが多くなってしまう傾向があるため、所得税では別の方法で累進課税を実施している。(→P52)

## 消費税はなぜ逆進性を持つとされる？

高所得者ほど多くの消費を行い税負担額は高まる。しかし、生活必需品の消費額は低所得者との大きな差はない。そのため、割合で比較すると高所得者の方が所得に占める消費が少なく、逆進性が生じる。

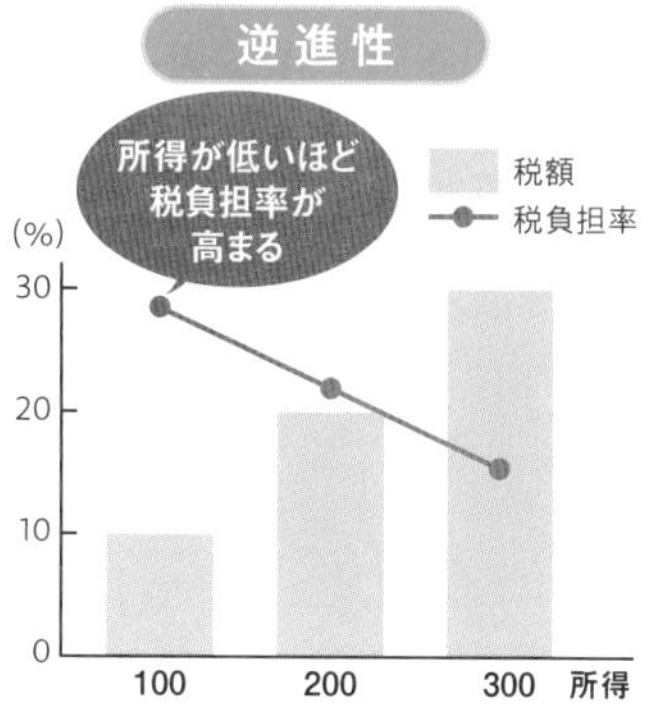


課税標準の価額が高くなるほど高い税率がかかることを累進課税といいます。適用される税金は所得税、相続税、贈与税の3つ。累進性により垂直的公平を実現しつつ、現実の制度では高所得者が不利になりすぎないよう、累進性を緩める工夫が施されています。反対に、課税標準額が低いほど税負担率が高くなることを逆進性といいます。逆進性の代表例は消費税です。経済力に関わらず消費した分にかかるため、収入の中で生活費の占める割合が多い低所得者ほど負担の割合が大きくなります。

# 条文の解釈には幅がある
# 税法との向き合い方

中小法人の場合は税務署が、資本金1億円以上の大企業は国税局の調査部が税務調査を行う。

Topic 1

### 税務調査の現場は何が行われている?

課税の公平を図るため、国と納税者の意見調整を行うのが税務調査。税が関わる取引の証拠資料について、税法の解釈をすり合わせる。

主な税金は申告納税制度の下で納税されます。納税者自身で計算するため、間違いや手続き漏れが発生することもあります。そのため、税務署は納税者の申告内容を確認する必要があり、この手続きを**税務調査**といいます。

悪質な脱税者に刑事罰を課すことを目的に行われる国税査察とは異なり、税務調査はすべての納税者が対象になる可能性があるものです。本来の目的は、課税の公平を図るために申告内容の正確性と合理性を確認し、誤りがあれば是正し、**国と納税者の意見**

申告内容に誤りや租税回避（→P40）を目的とした行為があると指摘されても、誤解があれば証拠を以って説明。

Topic 2

## 調査の指摘は絶対？税法の解釈は幅がある

税務調査で違反を指摘されても、指摘に解釈違いがあれば反論可能。ただし本当に誤りや違法行為がある場合はペナルティが発生。

**を調整する**点にあります。税法は法律ですから、条文に書いてあることは守らなければなりません。一方、書いていないことを守る必要はないということでもあります。**条文の解釈には幅があり**、現実の経済活動についてどのように適用するか、国と納税者の間で見解が異なる場合も。そのような解釈違いをすり合わせるのが、税務調査なのです。なお、税法の条文は膨大な数がありますが、6割程度は課税逃れを防ぐための条文。それらはまさに、税法の解釈を巡る納税者と国の攻防の跡ともいえます。

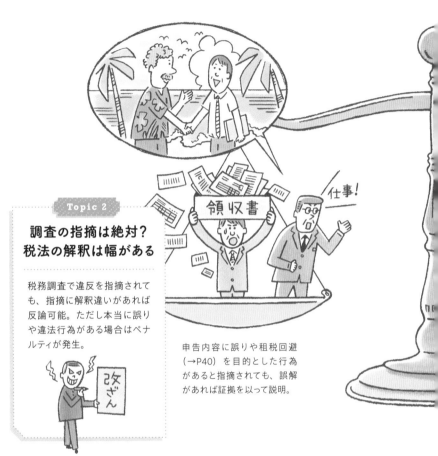

Topic 1

# 税務調査では何が行われる？

## 税務調査では売上が最も注目される

企業会計の勘定科目は様々あるが、税務調査で注目されるポイントは売上に集約される。売上は他企業と比較して差が出やすく、不正が見つかった場合の金額が大きいことも多いため。

### 調べられるポイントの例

**売上除外**

売上が事業と無関係の口座に入金されているなど、記帳すべき売上が計上されておらず、過少申告されている状態。

**売上の計上漏れ（繰り延べ、期ずれ）**

会社で定めた売上の計上基準を逸脱して、当期に計上するべき売上が、翌期に計上されている状態。

### 用意する会計資料の例

会計帳簿や、会計帳簿の作成に関わる証拠を用意する。

**帳簿関係**

元帳、入金・出金・振替伝票、現金出納帳、預金出納帳　など

**売上に関する資料**

納品書 、請求書、領収書　など

税務調査は間違いを正す目的で行われます。そのため、国税局・税務署としても無駄足にならないよう、売上が急激に伸びた企業や事業規模の大きい法人などが調査に選ばれやすい傾向にあります。調査は必ず事前通知を行い、合意のもとに行われます。中小企業であれば2日程度の立会調査で、帳簿等の会計資料をめぐって、疑問点についてすり合わせを行います。修正が必要な場合には修正申告を打診されますが、指摘に納得がいかない場合は、再び意見調整を重ねることも可能です。

Topic 1

# 税務ならではの考え方をおさえる

## 金額より経済的利益を見る時価評価の原則

相場では5億円の価値がある不動産を1億円で売買した場合、差額の4億円についても課税されてしまうのが時価評価の例。時価の半額以下など極端な利益が発生した取引は税務調査で指摘される可能性大。

## 名義よりも実態を見る実質主義という考え方

「契約書さえあれば…」「名義さえ変えておけば…」という考えは税法では通用しないことも。たとえば、子ども名義の預金でも、実際には親が管理している事実があれば、親の資産とみなされる。

税務調査においては、しばしば税務ならではの考え方が議論にあがります。たとえば、**取引金額は時価が原則**。簡単に言えば、市場取引価格より不当に安く譲渡した場合、市場価格との差分にも税金がかかります。もう一つ特徴的な考え方に、**「取引の実質」で判断**するというものがあります。形式的な名義や書類があっても、実質的な利益を享受しているのが別の人であれば、利益が発生した人や取引に課税されるというもの。相続などにも関わる原則であるため、覚えておいて損はありません。

Topic 2

# 脱税と節税の違いは？

## 節税と脱税の境目 グレーゾーンの租税回避

**合法な「節税」の例**

租税特別措置（→ P25）の利用
控除の申告　など

**違法な「脱税」の例**

経費の水増し
所得の無申告や虚偽申告　など

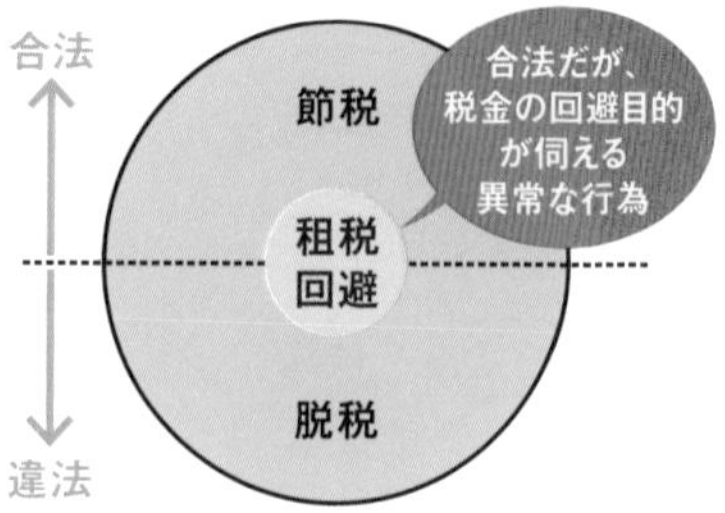


## 個人でできる節税

**利用できる控除を把握する**

所得税、相続税、投資や不動産に関わる税など、様々な税金に用意された控除や特例を把握する。

**優遇制度の利用**

NISA（→ P114）や iDeCo（→ P126）など、非課税のメリットを得られ資産形成に有利な制度を利用する。

## 租税回避的な行為は後から徴収されるリスクも

節税策とうたわれるものの中には租税回避行為として税法で認められず、追徴課税（差額の徴収）のリスクがあるものもある。個人が取り組める節税策としては、控除や優遇制度の利用が確実。

脱税とは、税法に規定される「偽りその他不正の行為」に該当する、不当に納税を免れる行為で、刑事罰の対象になります。一方、節税は優遇措置を利用するなどして、合法的に、経済的に合理性のある通常の取引を行った結果として納税額を安くする行為です。また、脱税と節税の間にはグレーゾーンも存在します。合法ではあるものの、通常の取引には見えない、税負担を減らす不自然な行為は租税回避と呼ばれ、取引内容によっては取り締まられる可能性があります。

Topic 2

# 税法に違反すると…

この領収書にある車は
どういう業務で
使われたものですか?
説明する必要がある
本当にこの車が業務に
必要なのですか?
立証の責任は税務調査側

## 説明義務は納税者 立証責任は調査側にある

課税の根拠を証明する責任は税務調査を行う側にある。十分な説明や証拠を提供しても、納得のいかない課税が実行された場合は、最終的に異議申し立てや審査請求を行うこともできる。

## 違反した場合のペナルティ

**過少申告加算税**
納税額が過少であった場合のペナルティ。納付すべき税額の10%～15%。

**無申告加算税**
申告書を提出しなかった場合のペナルティ。納付すべき税額の15%～30%。

**重加算税**
事実を隠蔽、仮装（偽装）した場合に発生。納付すべき税額の35%～40%。

**延滞税**
期限までに納付されない場合の利息。年利3.3%～11.1%（利子税含む）の日割。

もしも申告内容に間違いや不正が見つかっても、いきなり逮捕、ということにはなりません。ただし、本来納めるべき税の徴収に加えて、ペナルティとして延滞税や加算税が課されます。とはいえ、税務調査官の指摘に全面的に従う義務があるわけではなく、誤解や意見の食い違いがあればすり合わせを行うべきなのは先述の通りです。身の潔白を証明するための説明義務は納税者にありますが、不正を立証する責任は税務調査を行う側にあることを念頭に置くとよいでしょう。

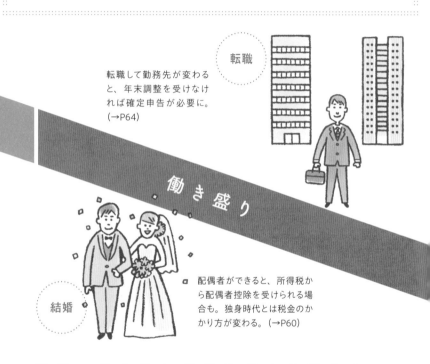

# 人生の節目でおさえておきたい節税イベントマップ

## 転職

転職して勤務先が変わると、年末調整を受けなければ確定申告が必要に。(→P64)

## 働き盛り

## 結婚

配偶者ができると、所得税から配偶者控除を受けられる場合も。独身時代とは税金のかかり方が変わる。(→P60)

一生のうちにかかる税金はいくらぐらいでしょうか。会社員の生涯年収は、２億数千万円程度といわれています。そこから所得税や住民税がおおよそ２０００万円から５０００万円程度は引かれることになります。加えて社会保険料や、消費する際にかかる消費税、酒、タバコ、自動車など暮らしにかかる税金もあります。社会に欠かせない税金とはいえ、決して無視できない金額です。

税制には個人の事情を鑑みて、**税額が少なくなる優遇措置が用意**されています。人生

老後
家庭環境の変化
子育て・資産形成
子育て
第一子誕生。出産費用は医療費控除が受けられる可能性がある。（→P65）また、児童手当は非課税の所得。
老後・相続
退職金、年金には所得税と住民税が課税される。給付方法によって課税の仕方も変わるため、受け取り方の計画が大切。（→P122）
扶養
マイホーム購入
マイホーム購入では様々な節税の恩恵を得られる。また、子どもの成長に伴い、16歳以上からは扶養控除の検討も。（→P60、109）
資産形成
副業
副業や投資で給与とは別の所得を得ると確定申告が必要に。申告方法によって納税額が変わる場合もある。（→P80、110）

には様々なイベントがあります。家族が増えたり副業を始めたり、家を買ったり定年を迎えたり…。特に収入や支出に大きく影響するような局面では、利用できる税制上の優遇措置がないか、知っているといないとでは、一生のうちに手元に残る資産額に大きな差が出ます。それらは納税者自身が把握して、申告が必要になるものがほとんどです。**税金を払いすぎても、国や税務署が親切に知らせてくれることはありません。**納税はきちんと行いつつ、得られる恩恵はしっかり利用しましょう。

Column

2

# 税法はいかがわしい？“公平”な課税の線引き

税法は公平の原則に基づく――。建前はそのように運用されますが、“いかがわしい”一面もあるのが税の世界。たとえば物品税。消費税が導入される前、ぜいたく品にかかる税金として導入されていましたが、どのような商品がぜいたく品であるかが問題となりました。レコードは課税、童謡は非課税という基準があったため、レコードに収録された有名曲「およげ！たいやきくん」は「童謡」か課税されるべき「流行歌」か、という議論が世間を賑わせたことも。企業にとって課税の有無は利益に関わる問題ですから、ぜいたく品の線引きを巡る攻防や、特定の業界や企業が有利になるような根回しも行われました。税の世界では、こういう事例は珍しくありません。線引きを行う以上、誰かが有利になる一方で誰かは不利になる。いかがわしくならざるを得ないのです。

Chapter 2

## 手取りはどう決まる？

# 所得にかかる税金

会社からもらう給料も副業の収入も、会社の売上も競馬で得た利益も、基本的にあらゆる儲けは所得として税金がかかります。手取りが決まる仕組みをみていきましょう。

TAX

# 取られすぎ？ 所得にかかる税の仕組み

稼いだつもりが手元に残らない…わかっていても仕方のないこと。
でも仕組みを上手に活用すれば、手取りが増えるかもしれません。

給与明細
あれだけ働いて
これだけ？
BEFORE
副収入
給与明細
副業で
稼ぎすぎた…
納税で利益が
残らない…
社長

## これだけおさえる!

- 給与所得は年末調整で控除を申告
- 会社員でも確定申告が必要な場合がある
- 副収入がある場合は所得の分類と経費に気をつける

控除で少し
戻ってきた
薬
給与
明細
副業の道具は
経費にして節税!
副収入
社員に賞与で
還元して
制度活用だ!
ボーナス
社長
AFTER
節

Types

所得の税金

# なぜ「手取り」がこの額に？ 給与明細の見方

| | |
|---|---|
| 手当 | 時間外手当 |
| 0 | 0 |
| 手当 | 休日出勤 |
| 0 | 0 |

| | |
|---|---|
| 保険 | 社会保険・労働保険料 |
| 10 | 43,675 |
| 税 | 税額合計 |
| 00 | 20,190 |

3

| 総支給額 |
|---|
| 300,000 |

| 控除合計 |
|---|
| 63,865 |

4

| 差引支給額 |
|---|
| 236,135 |

**3 住民税**

居住地の地方自治体に納める税。所得税と同様の課税標準をもとに計算されるが、所得税とは異なる税率がかかる。(→P74)

**4 支給額**

総支給額＝額面であり、年収＝賞与を含む年間の総支給額。差引支給額は手取りとして手元に残る金額。

まず始めにおなじみの給与明細を例に、どのように手取りが残るのか見てみましょう。

給与明細は大きく「支給」「控除」「勤怠」の項目に分かれます。支給の欄では、基本給に加えて通勤手当や住宅手当など各種手当が記載されています。これらの合計が**総支給額**となり、**勤務先から支払われた金額**を意味します。次に控除の欄では、社会保険・労

| | | | | |
|---|---|---|---|---|
| 支給 | 基本給 | 役職手当 | 資格手当 | 出張 |
| | 270,000 | 5,000 | 5,000 | |
| | 通勤手当 | 家族手当 | 住宅手当 | 扶養 |
| | 20,000 | 0 | 0 | |

| | | | | |
|---|---|---|---|---|
| 控除 | 介護保険 | 健康保険 | 厚生年金 | 雇用 |
| | 0 | 14,715 | 27,450 | 1,5 |
| | | | 所得税 | 住民 |
| | | | 5,990 | 14,2 |

| | | | | |
|---|---|---|---|---|
| 勤怠 | 労働日数 | 出勤日数 | 有休消化日数 | |
| | 22 | 22 | 0 | |
| | | | | |

### ❶ 社会保険・労働保険料

正社員の場合、雇用保険、労災保険、介護保険は加入義務があり、健康保険と厚生年金は勤務先によって任意加入の場合あり。会社が全額負担する労災保険は、給与明細に記載されない。

### ❷ 所得税

総支給額から非課税の手当や所得控除を差し引いた金額をもとに計算され、税額が決定される。
(→P52)

働保険料と税金の金額が記載されています。**社会保険・労働保険料は健康保険、厚生年金保険、雇用保険、40歳以上の場合は介護保険**が含まれ、会社と負担を分け合った金額が記載されています。**所得にかかる税金は所得税、住民税の2種類**あり、総支給額からルールに従って算出されます。これらを合わせた控除合計は、会社が総支給額からあらかじめ差し引く、いわゆる天引きが行われる金額。**総支給額から控除の合計金額を引いた金額が差引支給額=手取り**となります。

もっと詳しく

所得の税金

# 収入・所得・手取りはすべて別モノ 税金がかかる所得をおさえる

## 収入、給与所得、手取りの違い

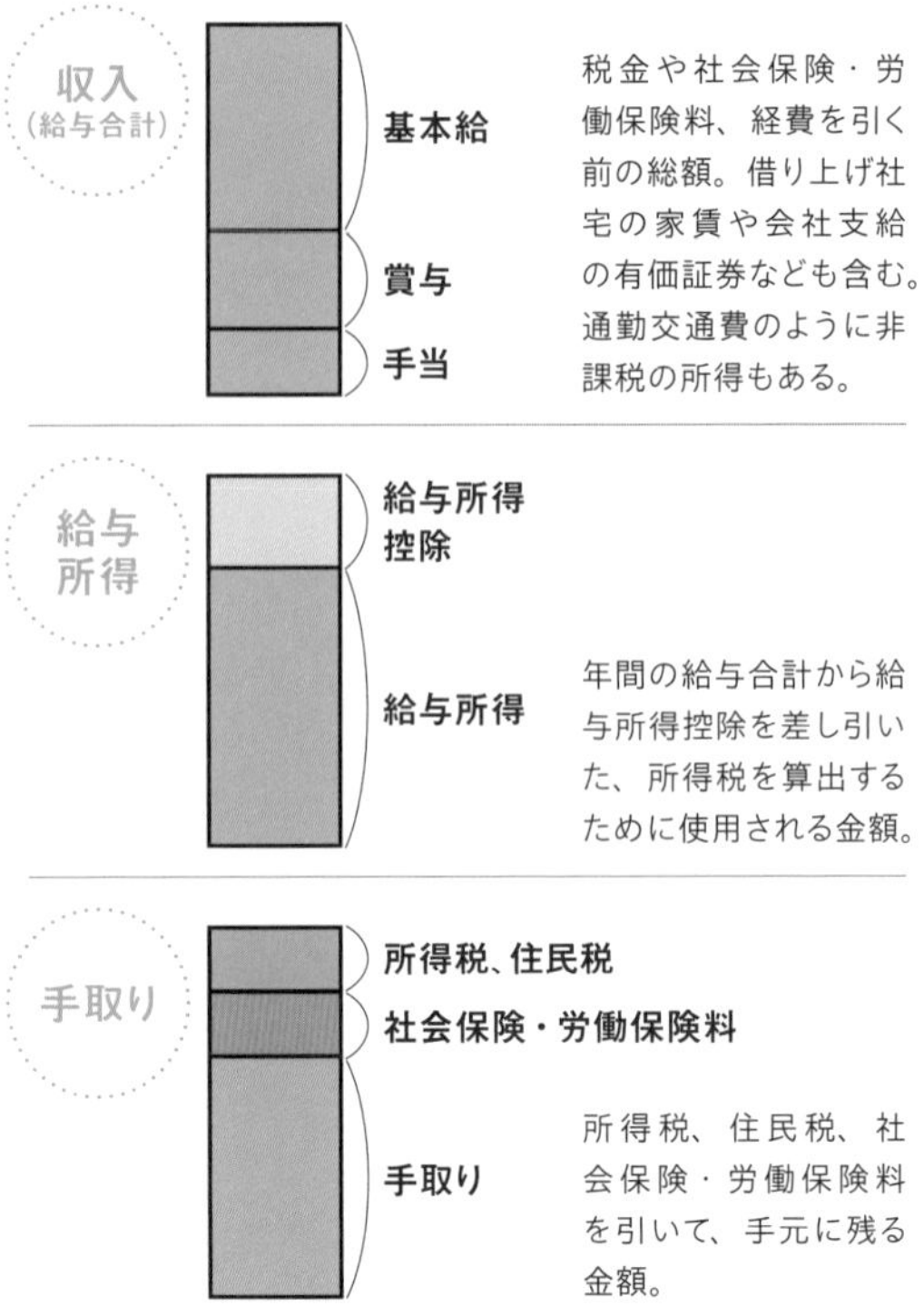

収入
(給与合計)
基本給
賞与
手当
税金や社会保険・労働保険料、経費を引く前の総額。借り上げ社宅の家賃や会社支給の有価証券なども含む。通勤交通費のように非課税の所得もある。
給与所得
給与所得控除
給与所得
年間の給与合計から給与所得控除を差し引いた、所得税を算出するために使用される金額。
手取り
所得税、住民税
社会保険・労働保険料
手取り
所得税、住民税、社会保険・労働保険料を引いて、手元に残る金額。

所得税と住民税は所得にかかる税金です。所得の種類には給与以外にも投資や事業の利益などの儲けが含まれますが、いずれも儲けそのものではなく、**収入から必要経費を引いた金額が所得**となります。給与所得の場合、自営業者のように経費を控除できない代わりに、所得額に応じた「**給与所得控除**」を差し引きます。算出された給与所得から、さ

## 給料にかかる税金は2つ

**所得税**

当年の所得をもとに計算される

**住民税**

前年の所得をもとに計算される

### 《 給与所得控除の一覧 》

| 給与等の収入金額（給与所得の源泉徴収票の支払金額） | 給与所得控除 |
|---|---|
| 1,625,000円まで | 550,000円 |
| 1,625,001円から　1,800,000円まで | 収入金額 × 40% − 100,000円 |
| 1,800,001円から　3,600,000円まで | 収入金額 × 30% + 80,000円 |
| 3,600,001円から　6,600,000円まで | 収入金額 × 20% + 440,000円 |
| 6,600,001円から　8,500,000円まで | 収入金額 × 10% + 1,100,000円 |
| 8,500,001円以上 | 1,950,000円（上限） |

例　**年収500万円の場合の給与所得控除**
**500万円（給与収入）× 20% + 44万円　= 144万円**

らに個人の事情を踏まえた控除を差し引き、税金がかかる対象となる**「課税所得」**を求めます。所得税と住民税は**課税所得をもとに税額が算出さ**れ、それぞれ税金のかかり方が異なります。**所得税は当年の所得をもとに計算され**、所得額に応じた累進税率がかかります。**住民税は前年の所得をもとに計算され**、一定の税率により課税される部分と定額が課税される部分があります。昇給後に手取りの変化を感じられないことがあるのは、住民税が昇給の翌年に増額しているからかもしれません。

# 所得税はどう決まる？
# 給与収入から所得税を求める流れ

具体的に所得税額を算出する流れをみていきましょう。まず給与収入から給与所得控除を差し引き、給与所得を算出します。さらに基礎控除、扶養控除といった所得控除を差し引き、課税所得を算出します。**給与所得控除と所得控除は名前が似ていますが、中身は別モノ**です。所得控除は配偶者がいる場合に利用できる控除など様々な控

例

- 年収：**500万円**
- 社会保険料：**75万円**
- 独身、扶養なし

**所得控除**

- **基礎控除**
- **社会保険料控除**
- **配偶者控除**
- **扶養控除 etc.**

**給与所得控除と所得控除は別モノ**

**所得控除**
本人の事情に合わせて課税所得に適用される（給与以外の所得にも適用）

**給与所得控除**
給与所得に適用

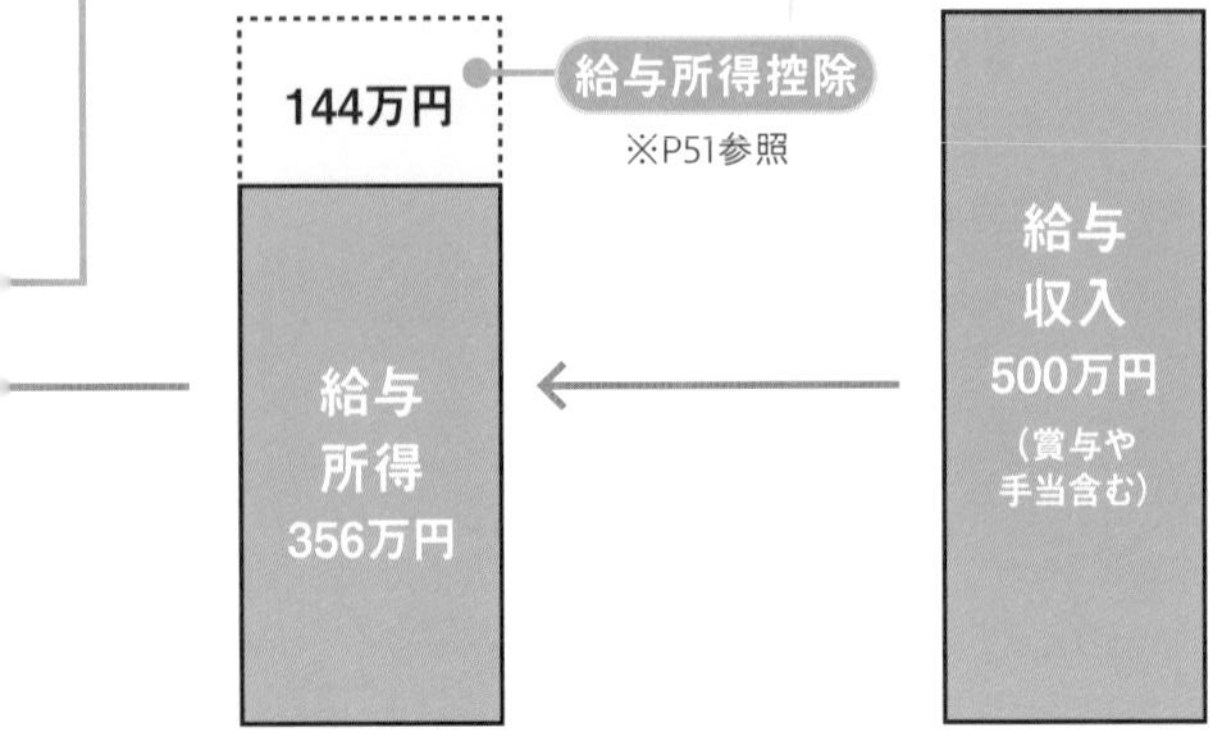


1 給与収入から給与所得控除を差し引いて給与所得を求める。

### 超過累進課税の誤解

超過累進課税への誤解として、高い税率が所得全体に対して適用されてしまうというものがあります。実際には、高い税率は一定額を超えた部分のみにかかり、それ以下の分は低い税率しかかかりません。誤解されているよりも税率の上昇は緩やかです。

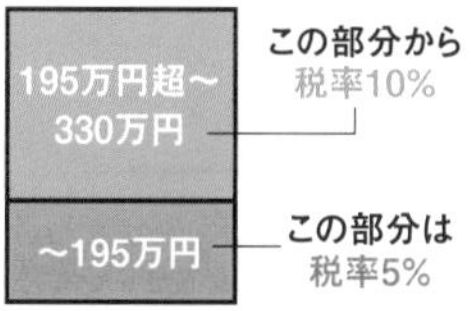


**課税所得233万円の場合**
間違った計算
2,330,000 × 10% = 233,000
正しい計算
1,950,000 × 5% + 380,000 × 10% = 135,500

123万円

課税所得 233万円

**税率**

| | |
|---|---|
| 195万円以下 | 5% |
| 195万円超〜330万円以下 | 10% |
| 330万円超〜695万円以下 | 20% |
| 695万円超〜900万円以下 | 23% |
| 900万円超〜1,800万円以下 | 33% |
| 1,800万円超〜4,000万円以下 | 40% |
| 4,000万円超 | 45% |

**税額控除**

- 配当控除
- 外国税額控除
- 住宅借入金等特別控除 etc.

復興特別所得税（→ P27）

所得税 135,500円

2　所得控除（独身、扶養なしの場合は基礎控除と社会保険料控除）を差し引いて課税所得を求める。

3　課税所得に超過累進税率に応じた税額をかける。税額控除がある場合は所得税額から差し引く。

除があります（↓P58）。中でも基礎控除は誰にでも適用される控除であり、給与所得より課税所得は必ず金額が低くなります。算出された**課税所得に対して、所得額に応じた税率を掛けた金額が所得税額**となります。このとき掛ける税率は**超過累進税率**といって、課税所得の一定額を超えた部分に、より高い税率がかかります。実際の計算には国税庁が公開している速算表を使うと便利です。求めた税額からは、一定条件を満たすと利用できる税額控除を差し引けます。（↓P72）。

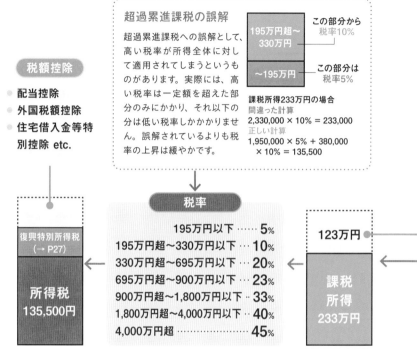

Types
所得の
税金

# 所得税は勤務先が計算・納税 今さら聞けない年末調整と確定申告

## 〜確定申告の流れ

### 源泉徴収

給与を支払う法人が概算の
納税額を源泉徴収

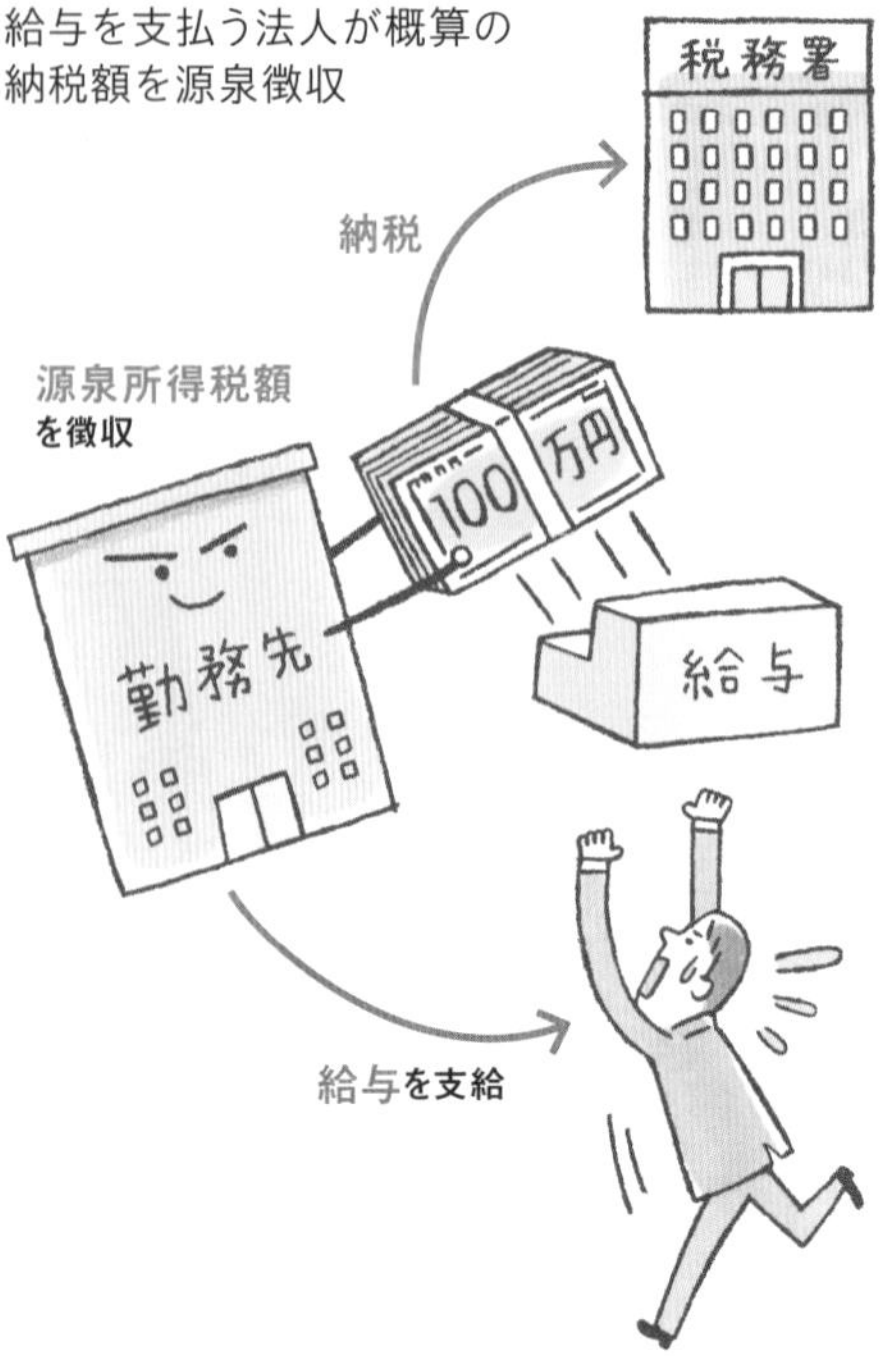


所得税は申告納税方式のため、本来は所得を稼いだ本人が納税額を計算します。しかし給与所得は、給与を支払う**勤務先が従業員の代わりに所得税を計算し、納税**を行います。

納税額を給与等の報酬から天引きすることを**源泉徴収**といいますが、このとき引かれている源泉徴収額は正確な納税額ではなく、概算で算出されています。そのため、**年末に過不**

## 源泉徴収～年末調整

### 確定申告

年末調整を行わなかった、または特定の条件（→P67）に当てはまる場合は従業員本人が確定申告

### 年末調整

従業員から提出された書類をもとに、勤務先が正確な納税額を計算、納税

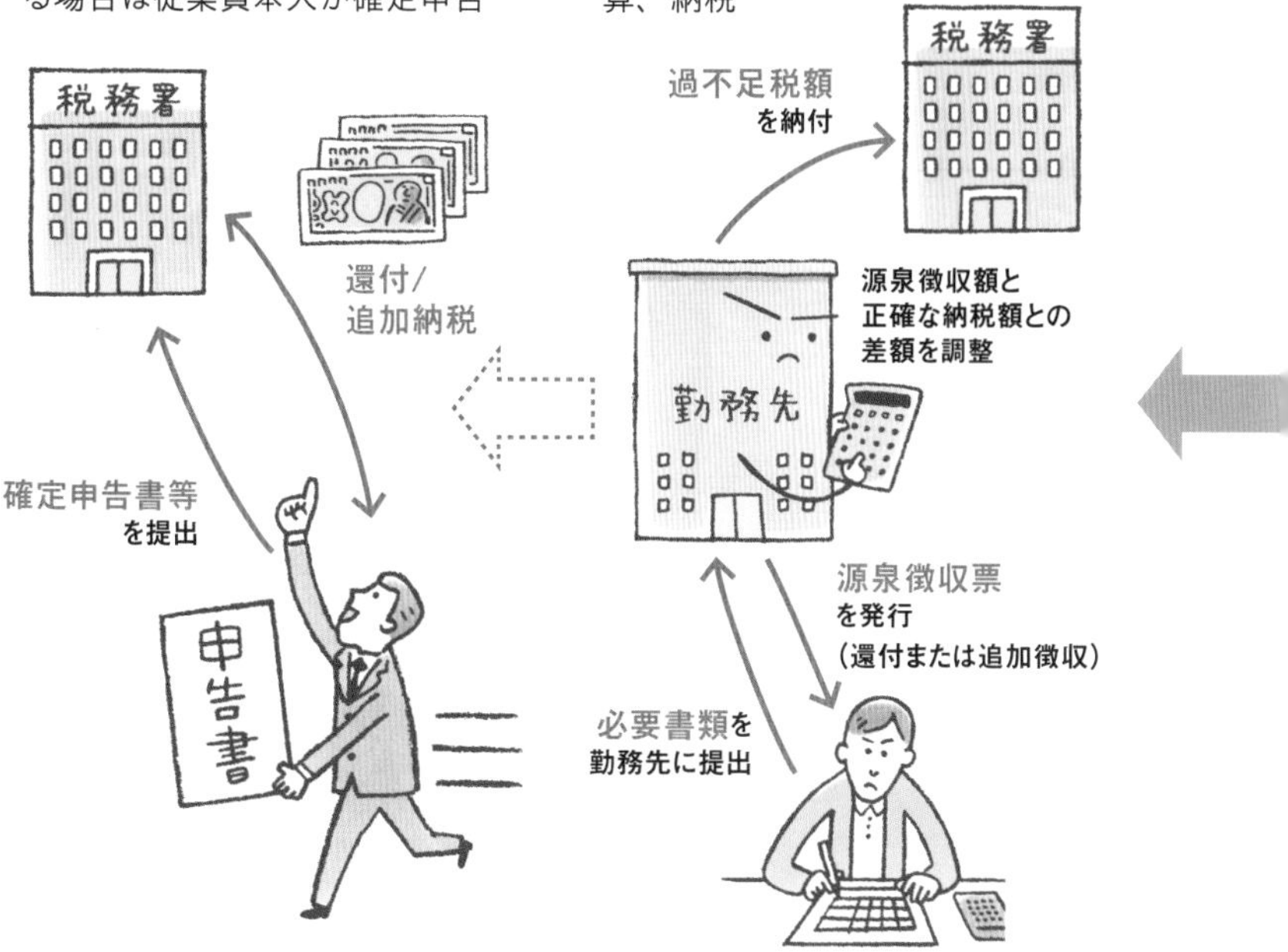


**足分の精算**を行います。これを**年末調整**といいます。

　年末調整で提出する書類は、扶養家族の状況や支払った保険料など、控除が適用されるために必要な情報を記載する書類です。適用される控除があれば、払い過ぎていた税金の還付を受けられます。**提出を忘れてしまうと、自分で納税手続きを行う確定申告**を行わなければ控除を受けることができません。師走の忙しい時期だからといって記入をおざなりにすると、そのような手間がかかることもあるので、気をつけましょう。

# 場合によってはまとまった還付も 年末調整で申告すること

年末調整は原則として従業員全員に対して実施されますが、例外的に不要となるケースもあります。年末調整を受ける場合、年間の**源泉徴収額が確定税額を上回れば、還付が発生**。ただし、「年の途中で昇給があった」「扶養親族が減った」「ボーナスが月給と比べてとても多かった」といったケースでは、逆に追加徴収が発生することもあります。

## 年末調整の対象

**必要**

- 年末まで継続して勤務した
- 年の中途で、海外へ転勤したといった理由により、非居住者（国内の住所を持たないなど）となった　など

**不要**

- 年収が 2,000 万円以上ある
- 災害減免によって所得税の徴収猶予や還付をすでに受け取っている　など

### 年末調整でお金が戻ってくる?

源泉所得税額×12カ月分 ＞ 確定税額 → 還付が発生

源泉所得税額×12カ月分 ＜ 確定税額 → 徴収が発生

## 還付金が発生するケースと関連の控除

### iDeCoに加入している

- 小規模企業共済等掛金控除（→ P63）

### 保険に入っている

- 生命保険料控除
- 地震保険料控除

（→ P62）

### 家族が増えた

- 扶養控除
- 配偶者控除
- 配偶者特別控除

（→ P60）

### 家族が障がいを持つ

- 障害者控除

（→ P63）

### 配偶者と死別、離婚

- 寡婦控除
- ひとり親控除

（→ P63）

### 住宅ローン返済中

- 住宅ローン控除

※初申告は確定申告の必要あり

（→ P65）

年末調整で提出する書類は主に3つ。1つ目は、控除の対象となる配偶者等の有無を記載する「給与所得者の扶養控除等（異動）申告書」。2つ目は、生命保険料などの保険料の控除を受けるための「給与所得者の保険料控除申告書」。3つ目はその他3種の控除を受けるための「給与所得者の基礎控除申告書 兼 給与所得者の配偶者控除等申告書 兼 所得金額調整控除申告書」です。抜け漏れを防ぐために、どのようなケースで控除が発生するか念頭に置きながら記入しましょう。

# 全部で15種類！手取りが増える所得控除を把握する

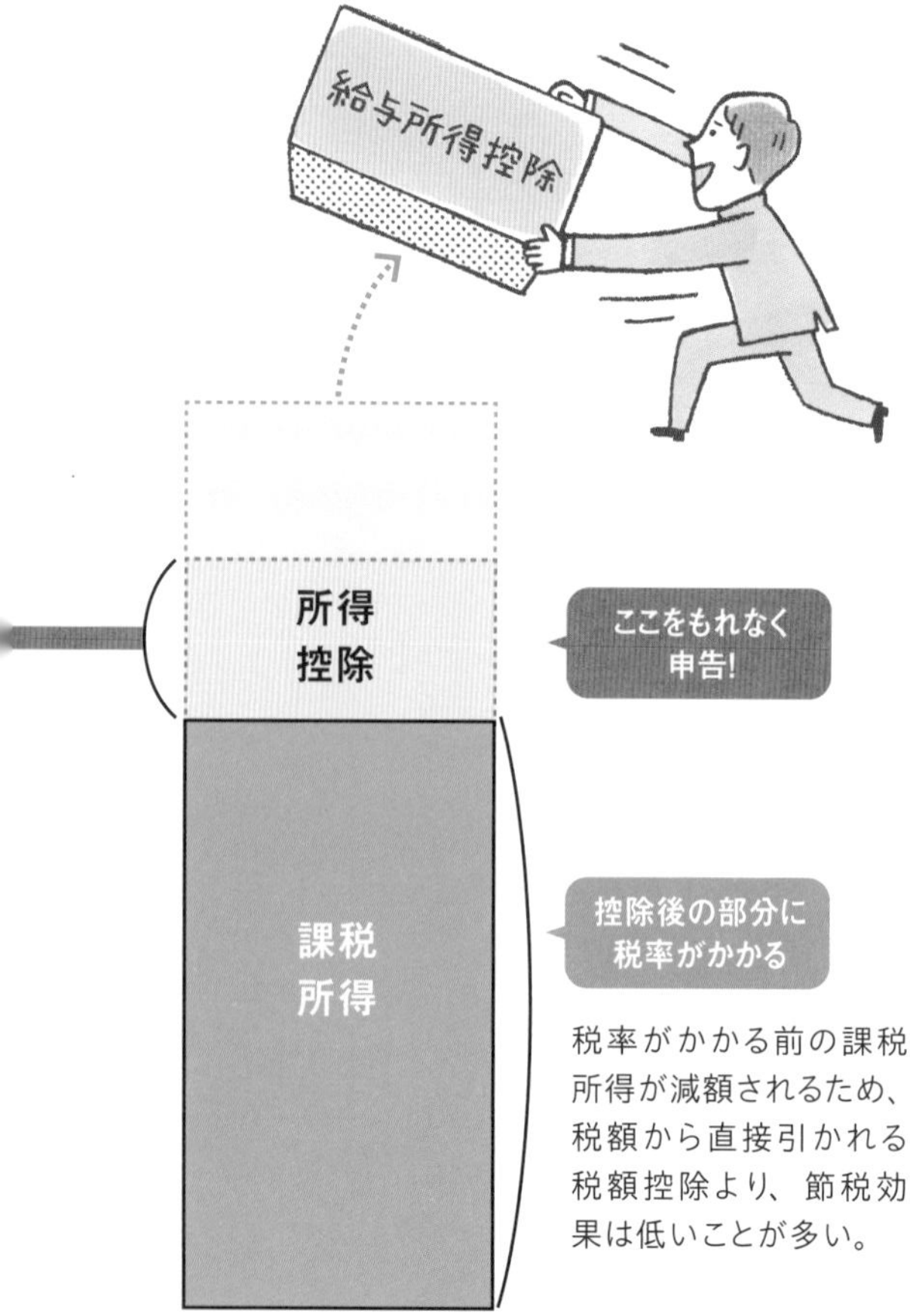


税率がかかる前の課税所得が減額されるため、税額から直接引かれる税額控除より、節税効果は低いことが多い。

所得控除は全部で15種類あります。納税者本人やその家族など「人」を対象とする「**人的控除**」と、支払った医療費や社会保険料などモノを対象とする「**物的控除**」に分けられ、それぞれ適用されるための要件や控除金額の条件があります。たとえば、人的控除において頻出する要件に「生計を一にする」があります。これは生活の財産を共にするこ

## 《所得控除の種類と対象者》

| | | |
|---|---|---|
| 年末調整で申告可能 | 基礎控除 | 本人の所得金額が2,500万円以下 |
| | 扶養控除 | 所得税法上の控除対象扶養親族となる人がいる |
| | 配偶者控除 | 控除対象となる配偶者の給与収入が103万円以下 |
| | 配偶者特別控除 | 控除対象となる配偶者の給与収入が103万円超、201万6,000円以下 |
| | 社会保険料控除 | 本人、配偶者、扶養親族の健康保険料、年金の保険料、介護保険の保険料を支払った |
| | 生命保険料控除 | 本人、配偶者、扶養親族を受取人とした生命保険料および個人年金保険料、介護医療の保険料を支払った |
| | 地震保険料控除 | 居住用の家屋、動産などにかけた地震保険料を支払った |
| | 寡婦控除 | 一定の寡婦 |
| | ひとり親控除 | 一定のひとり親（シングルマザー、シングルファザー含む） |
| | 勤労学生控除 | 本人が勤労学生で、所得が一定金額以下 |
| | 障害者控除 | 本人、控除対象配偶者、扶養親族が障害者である |
| | 小規模企業共済等掛金控除 | 小規模企業共済法に規定された一定の共済契約に基づく掛金・iDeCoの掛金を支払った |
| 確定申告が必要 | 医療費控除 | 本人、配偶者、扶養親族のために支払った医療費が多かった |
| | 寄附金控除 | 特定寄附金を支払った、ふるさと納税を行った |
| | 雑損控除 | 災害、盗難、横領などにより生活用資産などに損害を受けた |

とを指します。日常的に生活費を送っている場合も含まれ、必ずしも同居を必要としません。逆に、同居していても独立した収入で生活していれば、「生計を一にする」を満たしません。あくまで、納税者の担税力に着目して控除が設けられているのです。**ほとんどの控除は年末調整の申告で適用**されますが、医療費控除など**一部の控除は確定申告が必要**です。

なお、所得税と住民税では同じ所得控除でも控除される金額が異なります。以降は所得税における所得控除を扱います。

# 合計所得に注目 配偶者・扶養親族に関わる控除

<table>
<tr><th colspan="2">納税者本人の合計所得<br>配偶者の合計所得</th><th>900万円以下</th><th>900万円超～<br>950万円以下</th><th>950万円超～<br>1,000万円以下</th><th>1,000<br>万円超～</th></tr>
<tr><td rowspan="2">48万円<br>以下</td><td>70歳<br>以上</td><td>48万円</td><td>32万円</td><td>16万円</td><td rowspan="7">控除<br>なし</td></tr>
<tr><td>70歳<br>未満</td><td>38万円</td><td>26万円</td><td>13万円</td></tr>
<tr><td colspan="2">48万円超～<br>95万円以下</td><td>38万円</td><td>26万円</td><td>13万円</td></tr>
<tr><td colspan="2">95万円超～<br>100万円以下</td><td>36万円</td><td>24万円</td><td>12万円</td></tr>
<tr><td colspan="2">…<br>～<br>…</td><td>…<br>～<br>…</td><td>…<br>～<br>…</td><td>…<br>～<br>…</td></tr>
<tr><td colspan="2">130万円超～<br>133万円以下</td><td>3万円</td><td>2万円</td><td>1万円</td></tr>
<tr><td colspan="2">133万円超～</td><td colspan="3">控除なし</td></tr>
</table>

| 年齢 | 対象者区分 | 所得税控除額 |
|---|---|---|
| 16 ～ 18歳 | 一般の控除対象扶養親族 | 38万円 |
| 19 ～ 22歳 | 特定扶養親族 | 63万円 |
| 23 ～ 69歳 | 一般の控除対象扶養親族 | 38万円 |
| 70歳以上 | 老人扶養親族（同居老親等） | 58万円 |
| 70歳以上 | 老人扶養親族（その他） | 48万円 |

家族にまつわる控除には配偶者（特別）控除、扶養控除があります。いずれも「生計を一にする」こと、「青色申告者の事業専従者給与、または白色申告者の事業専従者給与を得ていない」ことが適用条件です。2つ目の条件を言い換えると、家族が営む事業から給与を得ていないということです。

**配偶者控除**は民法上の配偶者であることを条件に、**納税者**

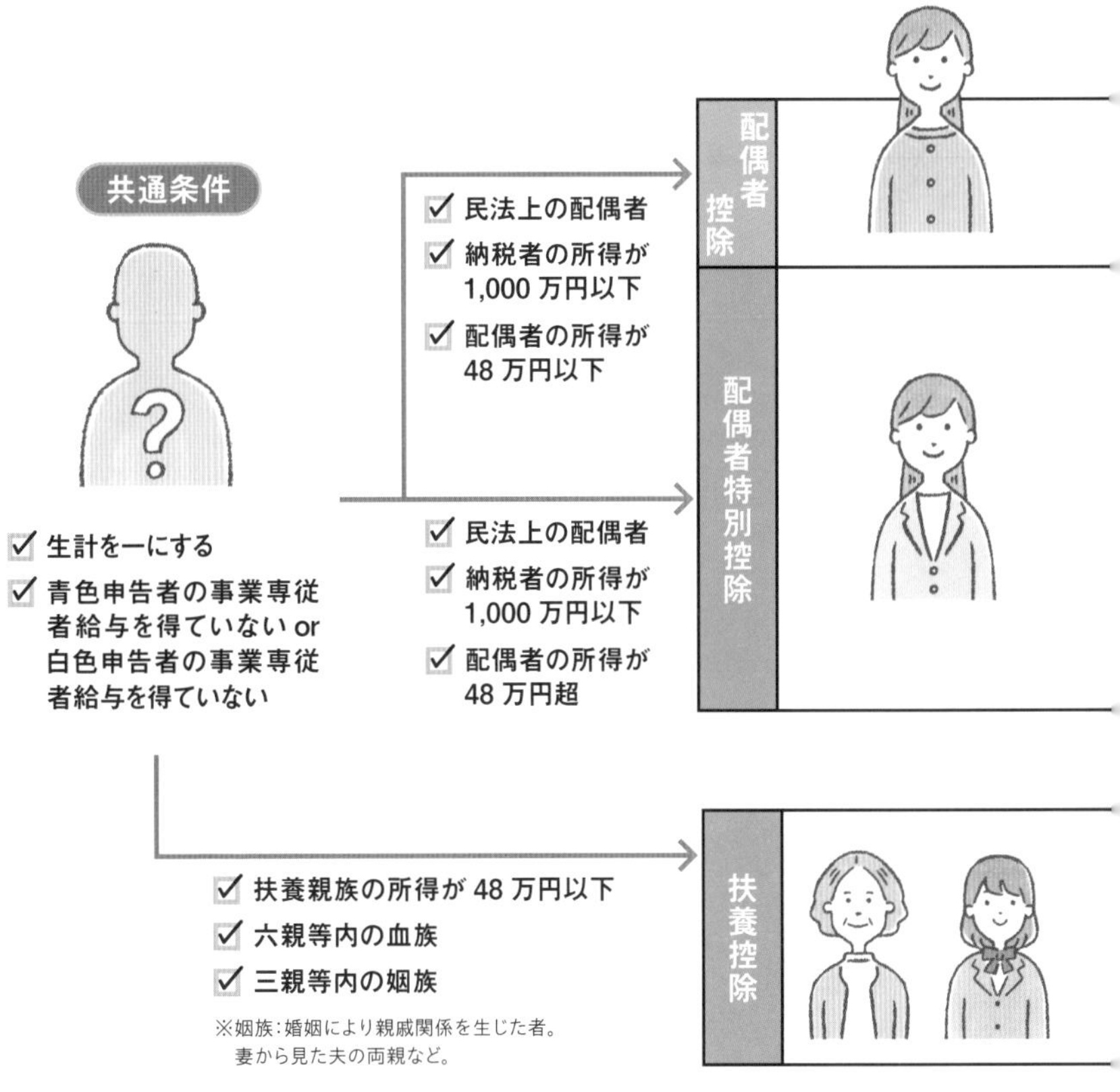

※姻族：婚姻により親戚関係を生じた者。
妻から見た夫の両親など。

**（扶養する側）の所得額と配偶者の所得額により控除額が決まります**。配偶者特別控除は、配偶者控除を受けられる配偶者の所得額を超えた場合にも、段階的に控除を受けられるように設けられた仕組みです。パート・アルバイトなどで配偶者の所得が多く見込める際、世帯の手取りを総額で考えると、控除の適用内に稼ぎを収めるか否か検討するとよい場合があります。（→P73）

**扶養控除**は、16歳以上の子どもや老齢の親など扶養親族を対象に、**年齢別に控除額が設定**されています。

もっと詳しく

所得の税金

# 生活の状況や事情によって変わる その他の控除さまざま

## 社会保険料控除

控除額：**年間の支払総額**

金額の上限や納付期限がない。そのため、該当年以外の前納分や過去の未納分であっても、年末までに納付した保険料であれば当年の控除対象となる。

対象となる社会保険

- **国民年金保険料**
- **厚生年金保険料**
- **健康保険料**
- **介護保険料**
- **雇用保険料　など**

## 生命保険料控除

控除額：**最大 12 万円**

契約を結んだ時期（旧契約、新契約）、保険の種類によって適用される控除額が変わる。年間で支払った額に応じて一定額が控除される。

旧契約と新契約の違い

- **旧契約**
  2011年12月31日以前に結んだ契約を対象とする
- **新契約**
  2012年1月1日以後に結んだ契約を対象とする

## 地震保険料控除

控除額：**～ 5 万円**

右記の要件を満たす場合、長期損害保険契約に関わる損害保険料も対象に含まれる。火災保険に関わる部分は控除の対象外。

長期損害保険契約の条件

- **2006 年12 月31 日までに締結した契約**
- **満期返戻金等があり保険期間が10 年以上の契約**
- **2007 年以後に保険契約等の変更をしていないもの**

年末調整で受けられる控除は他に、ひとり親、勤労学生、障害者を対象とする控除や、支払った各種保険料、年金等に対応する物的控除があります。

**社会保険料控除は年間で支払った分の所得控除**を受けられ、生計を一にする親族の社会保険料を納税者が負担している場合、その分の控除も受けられます。生命保険料・地震保険料控除は、受けられる所得

## 寡婦控除／ひとり親控除

控除額

**寡婦控除：27万円**
**ひとり親控除：35万円**

寡婦控除は女性のみ、ひとり親控除は男女不問で利用できる。事実婚は対象外となる。納税者本人の所得額500万円を基準に、扶養親族との続柄によって金額や控除有無が分かれる。

| 要件 | 寡婦控除 | ひとり親控除 |
|---|---|---|
| 扶養要件 | 扶養親族がいること（親、祖父母、孫も可） | 総所得金額等が48万円以下の生計を一にする子がいること |
| 結婚歴 | 夫と離婚し、現在婚姻関係にないこと。もしくは夫の死別後、再婚していないこと | 現在婚姻関係にないこと。未婚の親でも可 |

## 障害者控除

控除額　**27～75万円**

税法上の区分として、症状により障害者と特別障害者に分かれ、控除額が変わる。同居している扶養親族や配偶者が特別障害者である場合は控除額が加算される。

ここをチェック
- **障害の範囲**
- **同居の有無**

## 小規模企業共済等掛金控除

控除額　**支払った全額**

小規模企業共済は主に個人事業主向けの退職金制度。会社員はiDeCoを利用した場合に、その年に支払った掛金の全額を控除できる。

ここをチェック
- **iDeCoも対象**

## 勤労学生控除

控除額　**27万円**

通学する学校について条件があり、アルバイトなど勤労による所得に限られる。給与所得控除、基礎控除と合わせると130万円が所得税のかからないライン。

ここをチェック
- **130万円までであれば課税なし**

控除額が保険種類に応じて最大17万円であり、得られる節税効果は少なめ。**ひとり親控除は生計を一にする子を持つひとり親が利用できる控除。**夫と離婚や死別した場合に利用できる寡婦控除と併用はできません。勤労学生控除は、学生が得た収入に対して控除を受けられ、年収130万円までなら所得税は非課税に。掛金を控除できる小規模企業共済等掛金控除は、小規模企業共済に加えてiDeCo（→P126）も対象。障害者控除は本人や配偶者、扶養親族が障害者の場合にも適用されます。

Types
所得の税金

# 還付の可能性あり！会社員でも確定申告が必要なケース

確定申告が必要になるケースの例

勤務先
自分で申告してね
確定申告
ムム…
20万円超の副収入を得た →P80
ふるさと納税を利用した →P68

確定申告は、自ら所得と税額を計算して納税する手続きです。会社員の場合、**年末調整の対象とならない人**、**年末調整の手続きを行わなかった人**に加え、**給与所得以外の副収入が20万円を超えた**場合も確定申告が必要になります。

また、**年末調整では申告できない控除**を利用する場合、**確定申告を行うことで還付**を得られます。病院での診療費

## 還付の可能性があるケース

税務署
還付を受けられる
可能性もあるぞ！

### 医療費、または健康のために かけた費用が一定金額を超えた

- **医療費控除の利用**
  1年間にかかった医療費が10万円（総所得金額等が200万円未満であれば総所得金額等の5%）を超えた場合に、超えた部分について最高200万円まで所得控除が可能。
- **セルフメディケーション税制の利用**
  健康診断など「健康のための一定の取組」を当年行っており、年間12,000円を超える対象医薬品を購入している場合、超えた部分について最大8万8,000円まで控除できる。

### 災害や盗難にあった

- **雑損控除の利用**
  自然災害や、盗難・横領の被害などが対象。損失額のうち一部が所得控除になる。
- **災害減免の利用**
  自然災害が対象。税額軽減または免除。

### マイホームを購入した

- **住宅借入金等特別控除の利用**
  住宅ローン等を利用して居住用にマイホームの新築・取得をして、一定の要件を満たす場合に住宅ローン等の年末残高の一部を税額控除。(→P108)

や治療費、市販薬（対象医薬品）の購入費が一定額を超えた場合は**医療費控除**や**セルフメディケーション税制**の利用を検討しましょう。災害や盗難などの被害にあった場合は、**雑損控除**による所得控除、または**災害減免法**による税額の軽減もしくは免除を受けられる可能性があります。

　住宅ローンなどを利用してマイホームの新築・取得した場合に利用できる**住宅借入金等特別控除**は、初年度の利用においては確定申告が必要。2年目以降は年末調整で適用されます。

# 自分は必要？ 必要ない？ 確定申告の要・不要を判断

## 確定申告の流れ

### 1 所得を把握する

1年間に得た収入から所得を整理。手続きに必要な書類に加え、所得を得た証明となる書類や、控除の適用を証明できる書類をあらかじめ用意する。

**必要書類の例**
- 源泉徴収票
- 本人確認書類
- 銀行口座の情報（還付がある場合）
- 所得を証明できるもの
- 所得控除や税額控除の適用を証明できるもの

### 2 税額等を計算して書類作成

所得の分類（→P76）によって、所得同士を合算するか別々に計算するか、税率をいくら掛けるかといった点に注意しつつ計算。計算が複雑な場合は税務署への相談や、税理士への依頼も検討。

### 3 提出

申告年の翌年2月16日から3月15日までの間に税務署へ提出し、納税。マイナポータル連携を利用する場合や、スマートフォンとマイナンバーカードを利用した申告方法では自宅で手続きを行える。

確定申告の計算期間は1月1日から12月31日まで、**申告手続きは通常、翌年2月16日から3月15日までの間**です。

申告には確定申告書の記入に加え、様々な証明書類が必要になります。初めて申告する際は所得の整理や書類の準備に時間がかかる可能性があるため、早めの準備が必要です。

受けられる控除を受けていないなど、税金を本来納める

## 確定申告は必要？　判断チャート

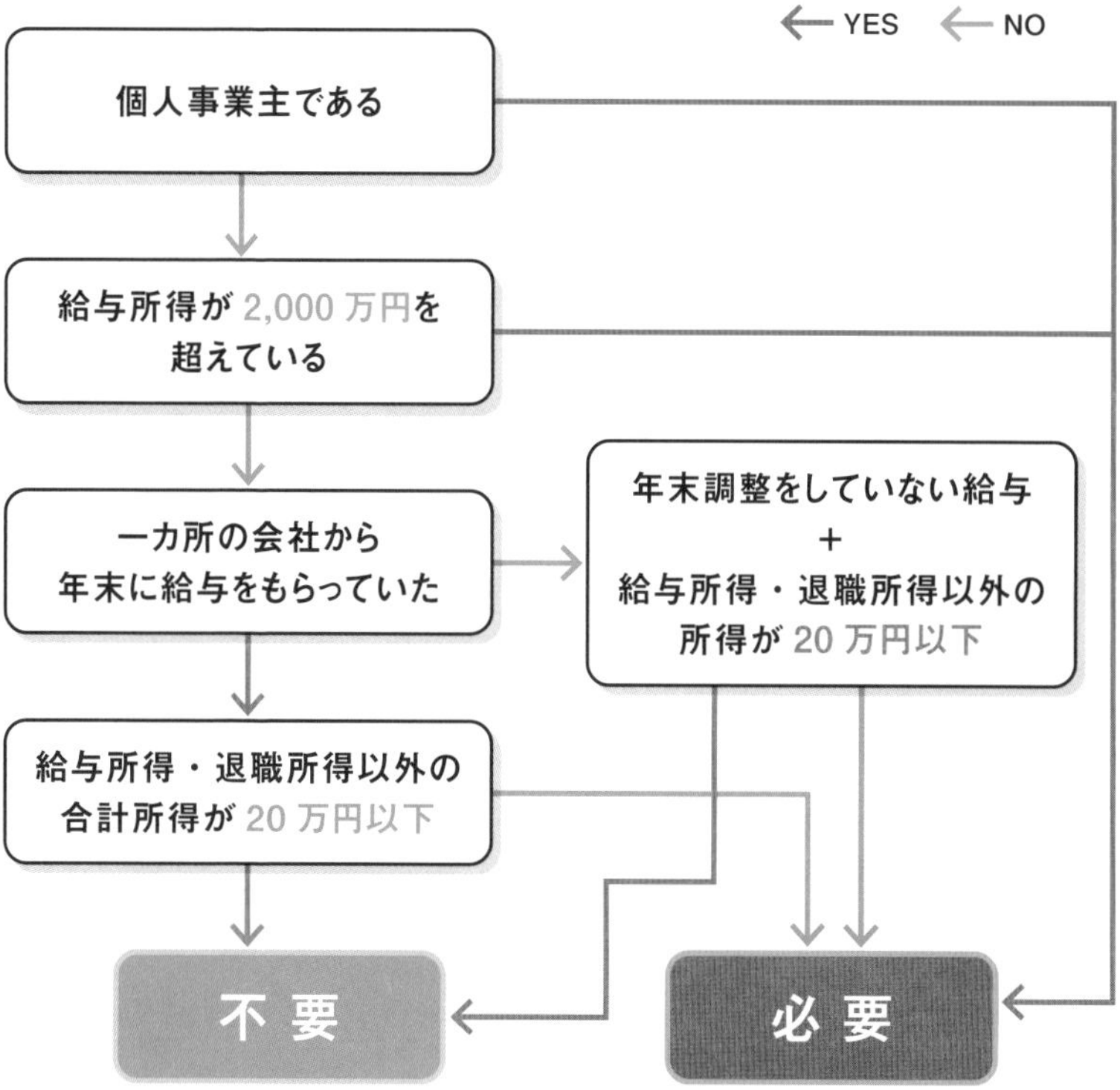


べき金額よりも多く納めているならば、確定申告を行わなくとも、還付を受けられない代わりにペナルティを受けることもありません。一方で、本来納めるべき金額よりも納税額が少ないにもかかわらず**申告を行わなかった場合や期限を過ぎた場合は、無申告、延滞のペナルティが発生**するので注意しましょう。（↓P41）

転職や思わぬ副収入が入った場合など、年内の収入に変化があった場合に確定申告が必要かどうか、判断に迷う場合は上図のフローチャートを参考にしてみてください。

Types

所得の税金

# 寄付で返礼品をもらう ふるさと納税の仕組み

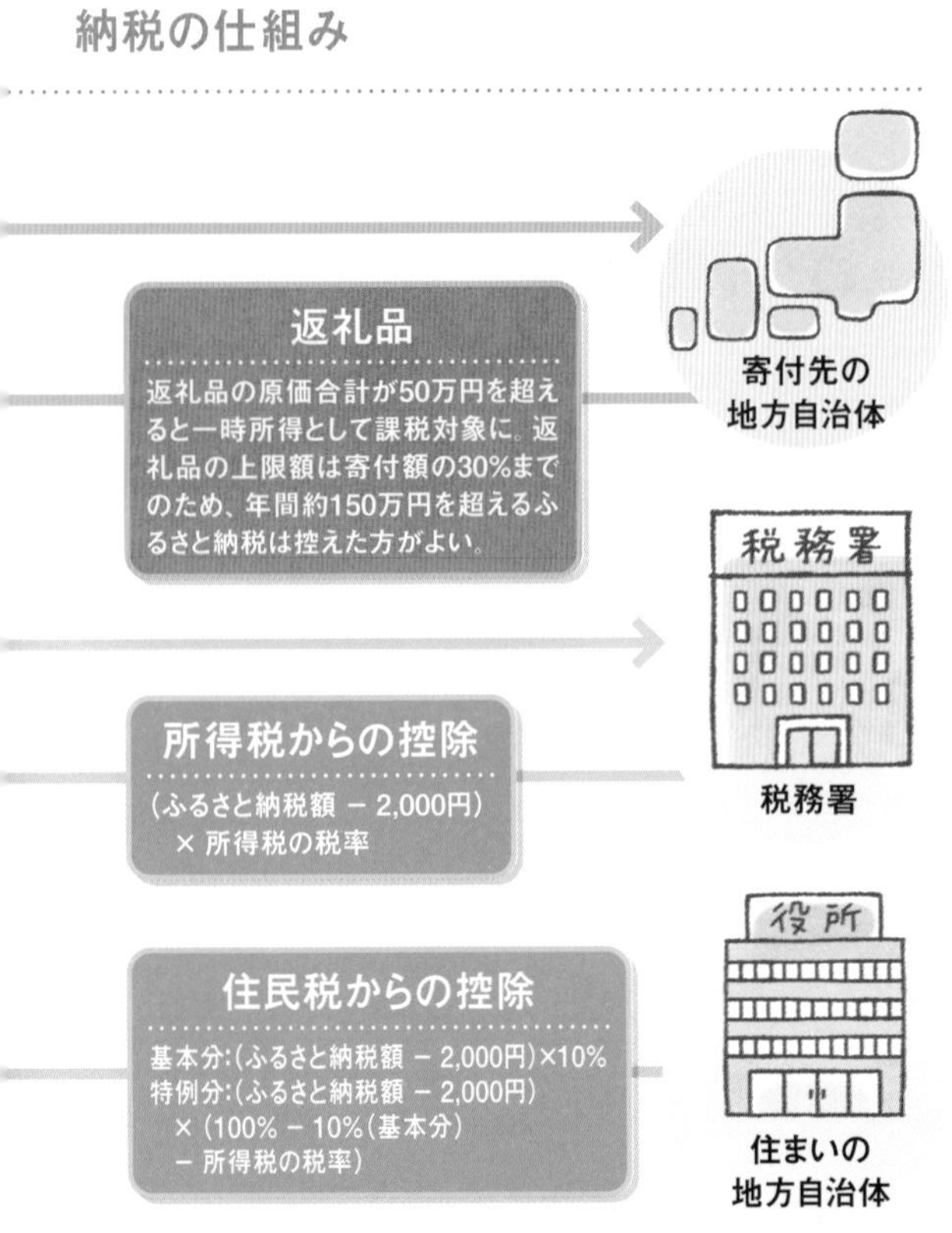


確定申告によって受けられる控除で最も普及している制度は**ふるさと納税**ではないでしょうか。**好きな自治体に寄付を行うことで、所得税と住民税から寄付額のうち2000円を超える部分を控除できる制度**です。節税効果を得るものではなく、本来払うべき税金と少ない負担額を自分の好きな自治体に寄付することで、そのお礼に返礼品をも

## 寄附金控除とは

納税者が国や地方自治体などに対する寄付（特定寄附金）を支出した場合に受けられる。政治活動に関する寄付金など一部の寄付金は、所得控除に代えて税額控除を選択できる。

### 寄附金控除の算出方法

（A）（B）のうち、いずれか低い金額

（A）寄付した年の特定寄附金の合計額
または
（B）総所得金額 × 40%相当額

－ 2,000円 ＝ 所得控除

### 控除が適用される団体

- 国・地方自治体
- 住所地にある日本赤十字社支部
- 政党・政治資金団体
- 公益財団法人・公益社団法人・学校法人
- 認定 NPO 法人　など

## ふるさと

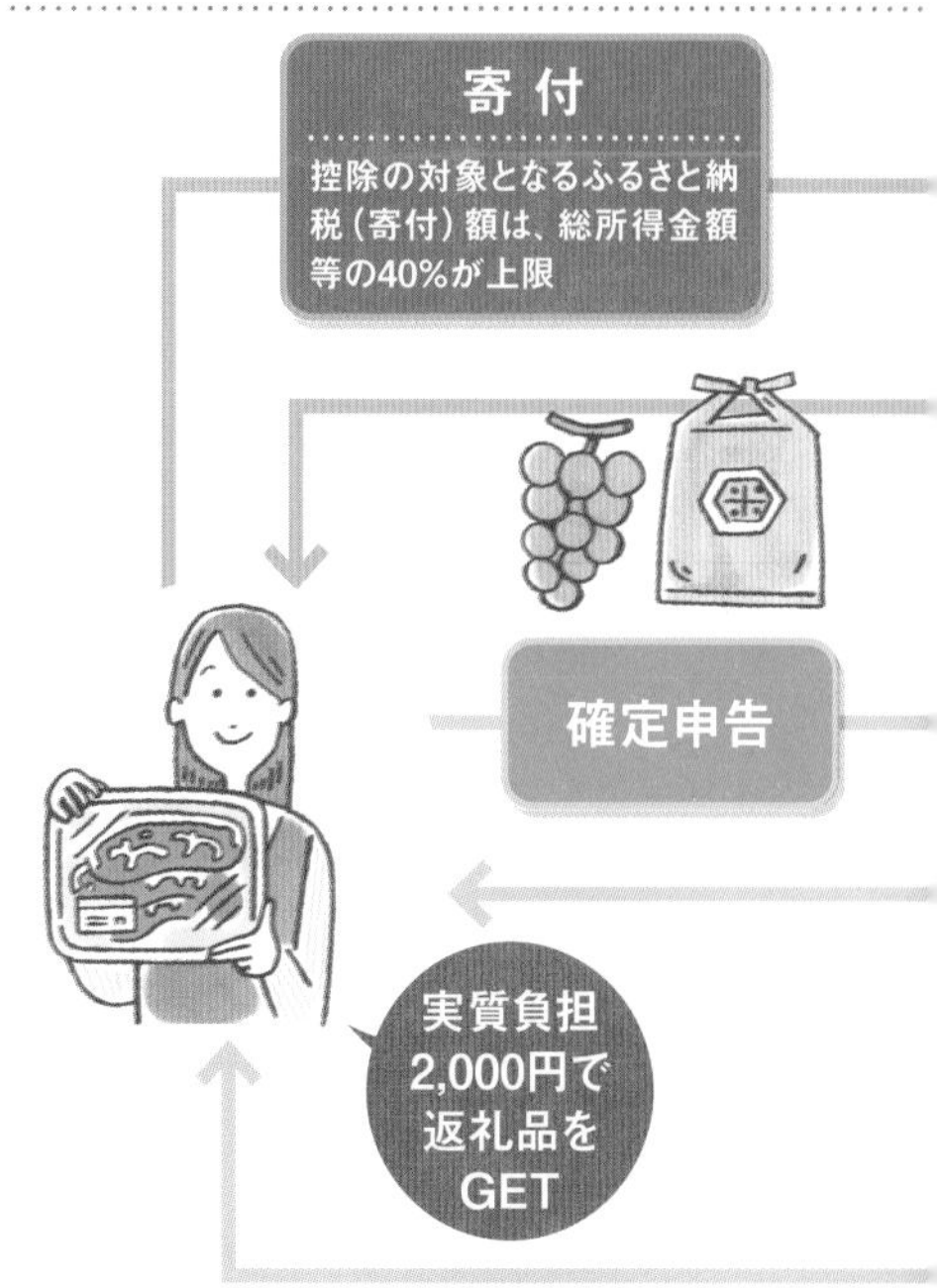
寄付
控除の対象となるふるさと納税（寄付）額は、総所得金額等の40%が上限
確定申告
実質負担2,000円で返礼品をGET

らえる点がメリットです。地方で育った人たちが都市部へ流出して税収格差が生まれてしまう問題への対策として、「生まれ育ったふるさとに貢献できる制度」「自分の意思で応援したい自治体を選ぶことができる制度」をコンセプトに創設されました。

寄付に関する控除には、寄附金控除もあります。政治団体やNPO法人など公益を目的とする特定の団体に対して、特定の目的で使われることを要件として控除が受けられます。こちらも控除を受けるには確定申告が必要です。

# ワンストップ特例制度が便利！
# ふるさと納税の手続き

ふるさと納税では、所得税からは所得控除、住民税からは税額控除が行われ、負担額に収まる形で還付または控除を受けられます。所得税の還付分は口座に振り込まれ、住民税の控除分は翌年に納める住民税から差し引かれます。控除の上限は所得や家族構成によって変わります。転職や副収入の変動などによって、年収が想定より上下した場合

## ふるさと納税のメリット

### 1 返礼品を受け取れる

地元の名産や旅行宿泊券などを受け取れる。返礼品の金額は寄付額に対して仕入値の30%と決められており、各自治体の工夫により様々な返礼品が用意されている。

### 2 地域自治体を応援できる

出身地など、居住地ではない地域の行政を寄付を通じて応援。自治体によっては、「教育のため」「産業振興のため」など、寄付金の使途を指定できる。

### 3 実質負担額が2,000円で済む

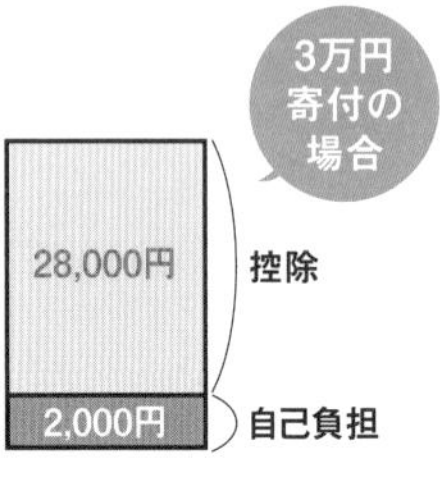


2,000円を除く寄付額は所得税と住民税から控除または還付される。ただし、所得額に応じて控除対象となる上限額があり、上限を超えると、その分も自己負担となる。

# 手続きの流れ

## 1　控除上限額を確認

以下の計算式や、インターネット上の控除上限額のシミュレーションなどを利用して、控除上限額を算出する。

**控除上限額の求め方**

$$\frac{\text{住民税の所得割額} \times 20\%}{100\% - 10\% - (\text{所得税率} \times \text{復興税率})} + 2{,}000\text{円}$$

## 2　寄付先の自治体と返礼品を選ぶ

ふるさと納税の返礼品が掲載されたポータルサイトなどを利用して、控除上限額の範囲内に収まるように寄付先と返礼品を選ぶ。

## 3　確定申告またはワンストップ特例制度を利用する

ふるさと納税申し込み後、自治体から送付される「寄附金受領証明書」などを用意して確定申告を行う。または寄付先の自治体数が5カ所以内である場合は、ワンストップ特例制度の申請書を申し込み時に都度記入、送付することで確定申告が不要になる。

**ワンストップ特例制度メリット**

- 確定申告が不要になる
- 申し込みが簡単

**ワンストップ特例制度デメリット**

- 寄付先の自治体は５つ以下
- 寄付ごとに申請書の提出が必要

は上限額に影響するため注意が必要です。自己負担額を2000円以内に抑えるためには寄付上限額を正確に把握するか、余裕をもって低めに見積もるとよいでしょう。

控除を受けるためには確定申告が必要ですが、給与所得者であればワンストップ特例制度を利用することで確定申告が不要に。寄付できる自治体数に限りがありますが、手間をかけたくない場合におすすめです。なお、ワンストップ特例制度を利用した場合は所得税の控除は行われず、全額が住民税の控除となります。

# 得られる効果は限定的？会社員の節税ポイント

会社員は給与から源泉徴収される仕組み上、事業主のように経費を駆使して積極的な節税策を講じる場面はあまりありません。

実は会社員でも経費を控除できる特定支出控除という仕組みがあります。対象となる支出は転勤の引越し費用、業務に関する図書の購入費など。**支出の合計が給与所得控除の半分を超える場合**に利用でき

## 節税ポイント

### 税額控除は利用できれば効果大？

税額控除は所得税額から差し引けるため、「控除額=節税額」となる。税額控除のうち、利用しやすいのは住宅取得や改築に関わる税額控除。長期にわたり税額控除を行えるため、最大で数百万円単位の控除額になる可能性がある。

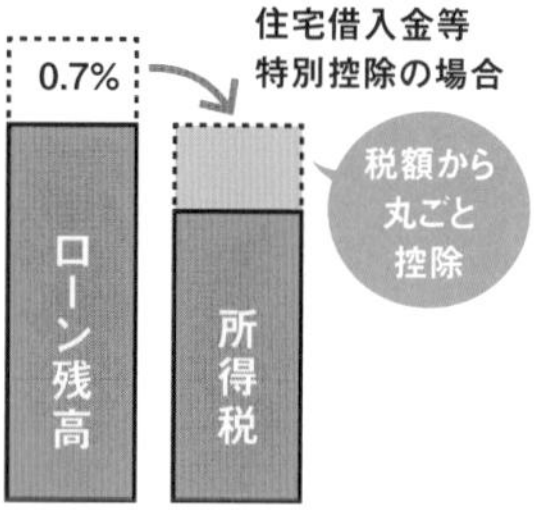


| 控除名 | 主な要件 |
|---|---|
| **認定住宅等新築等特別税額控除** | 国が定める環境負荷が低い認定住宅を新築・購入した場合に、住宅面積に応じた金額を控除 |
| **外国税額控除** | 外国で納付した所得税額を、一定の範囲で日本の所得税額から控除 |
| **配当控除** | 国内株式等の配当などについて、総所得額の10%または5%を税額控除 |

# 会社員のための

## 効果の高い節税策は給与所得以外にあり？

給与所得で自ら工夫できる節税は限定的。給与所得以外の所得が大きい場合や、夫婦共働きの場合に工夫を検討する。配偶者所得は、以下の表から家計事情に関わる「～万円の壁」を超えるべきか否か検討。

**節税を検討するケース**

- マイホーム購入、相続の予定がある
- 配偶者が働いている
- 副業、投資を始めた

| 年収 | 住民税 | 所得税 | 社会保険 | 配偶者（特別）控除 |
| --- | --- | --- | --- | --- |
| 100万円未満 | 不要 | 不要 | 不要 | 配偶者控除 |
| 100万円 | 発生 | 不要 | 不要 | ↓ |
| 103万円 | ↓ | 発生 | 不要 | （103万円超から）配偶者特別控除 |
| 106万円 | ↓ | ↓ | 場合により発生 | |
| 130万円 | ↓ | ↓ | ↓ | ↓ |
| 201.6万円 | ↓ | ↓ | ↓ | ↓ |

### 副業、投資の所得がある場合はお得な制度を利用する

副業収入は経費や青色申告を利用することで高い節税効果を得られる（→P82～85）。投資で得る所得にはNISAやiDeCoなど非課税の優遇制度も（→P114,126）。

副業 → 青色申告
投資 → NISA
老後資金 → iDeCo

ます。ただ、認められる支出はそもそも会社が負担する費目も多く、使える場面は限定的。**給与所得で節税できるポイントは所得控除が主**で、税額控除は節税効果が高いものの、やはり利用できる場面は限定的。配偶者が働いていれば、年収ラインの調整は要検討です。会社員の節税策は、**投資や不動産購入など給与以外の収入を得た場合や、ライフイベントを迎えた際に、抜け目なく制度を利用すること**です。得る所得の種類によって税金のかかり方は異なるので、工夫できる余地が生まれます。

Types

所得の税金

# 所得にかかる地方税 住民税とは

住民税は所得にかかる地方税で、法人と個人にかかり、個人にかかるものを個人住民税と言います。賦課課税方式であり、1月1日時点の住所地の自治体が課税します。徴収方法は**普通徴収**と**特別徴収**の2種類。普通徴収は主に個人事業主や無職者などが対象で年4回に分けて納税することが原則ですが、一括納税も可能です。特別徴収では給

## 住民税の内訳

**所得割**

税率10%

道府県民税 税率4%

＋

市町村民税 税率6%

＋

**均等割**

定額

道府県民税 1,000円

＋

市町村民税 3,000円

自治体により多少異なる。また、2024年度より森林環境（譲与）税（国税、年額1,000円）が住民税と併せて課税される。

**POINT 住民税の控除額は所得税と異なる**

控除の例

| 所得控除名 | 所得税 | 住民税 |
|---|---|---|
| 基礎控除 | 48万円 | 43万円 |
| 配偶者控除 | 38万円 | 33万円 |
| 扶養控除 | 38万円 | 33万円 |
| 地震保険料控除 | 5万円 | 2万5,000円 |

## 納付時期は次年度

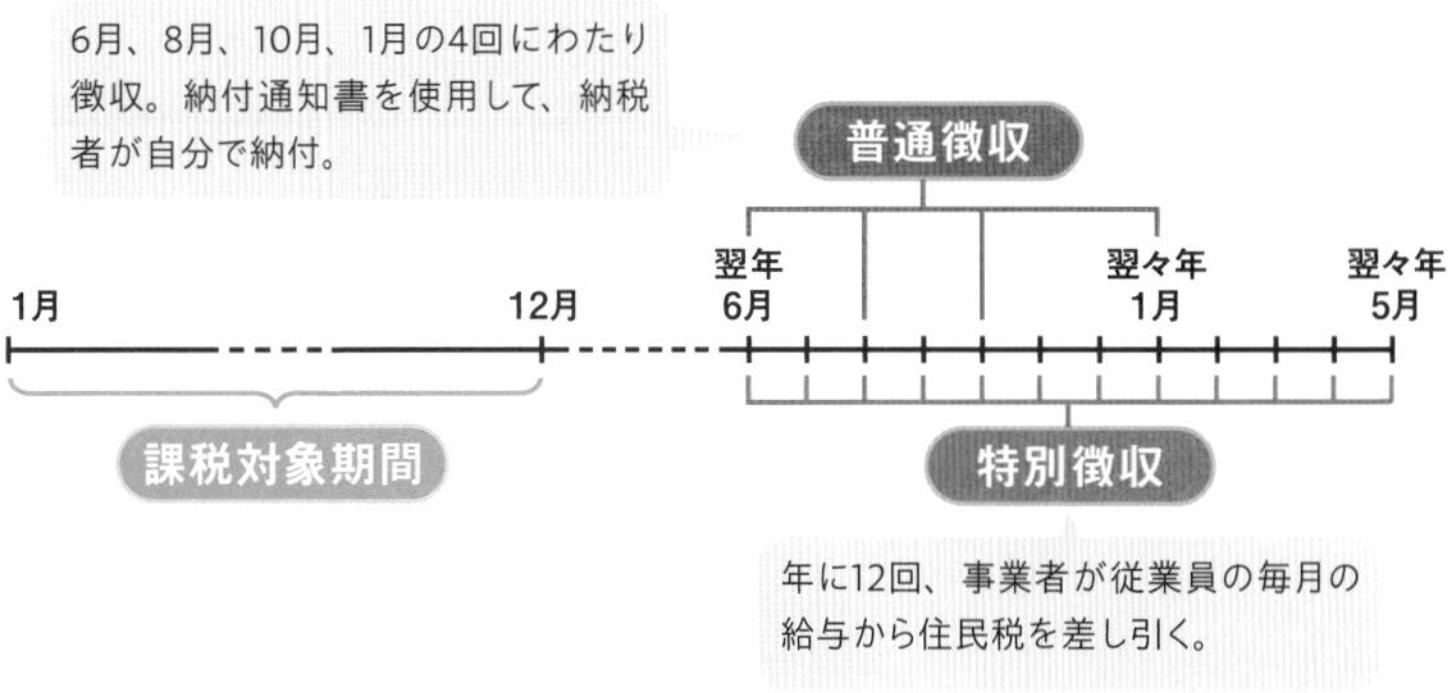
6月、8月、10月、1月の4回にわたり徴収。納付通知書を使用して、納税者が自分で納付。
普通徴収
翌年
6月
翌々年
1月
翌々年
5月
1月
12月
課税対象期間
特別徴収
年に12回、事業者が従業員の毎月の給与から住民税を差し引く。

### POINT 納付時期のズレに気をつける

新卒入社の場合

前年の所得がない場合、初年度の給料から住民税が差し引かれない。翌年に手取りが減る可能性があるため注意。

退職後の場合

前年の所得分の住民税が退職後に課税される。特別徴収から普通徴収に切り替わり、自身で納税。

与所得者を対象に毎月の給与から差し引かれます。税額は所得額に応じた**所得割**と定額で課税される**均等割**によって決まり、道府県民税と市町村民税（※）が含まれています。住民税と所得税は同じく所得にかかる税金で、**所得控除の金額が異なり**、税率がかかる課税所得に差が出ます。

給与明細上は所得税と同様に記載されていますが、前年の所得をもとに算出されている点に注意が必要です。前年から大幅に所得が減った場合、過剰な税負担に苦しむことがあります。

※東京都の場合はそれぞれ都民税と区市町村民税という

# 給与以外にもいろいろ！所得の種類は10種類

税法では給与以外にも様々な所得分類があります。大まかに、働いて得た所得、投資で得た所得、不動産や土地から得た所得などがあり、全部で10種類あります。副業で得た原稿料やFXの利益など、どの分類にも当てはまらない所得は雑所得に分類されます。**所得の種類が違うと、所得税の課税方法も異なります。**課税方法は大きく分

## 総合課税と分離課税の違い

総合課税は各収入別に経費等を引いた所得額を求めたのち、すべてを合算して総所得金額を算出。その後、控除を引いて累進税率を掛ける。分離課税は個別に税額を計算。総合課税で引ききれなかった所得控除額は、分離課税の所得から控除できる。

### 総合課税

種類の異なる所得を合算

事業所得 ＋ 給与所得

×

税率

**税額の求め方**

**1年間に得た所得が給与所得と事業所得のみ**

▼

**{(給与所得 ＋ 事業所得) − 所得控除} × 累進税率 ＝ 税額**

### 分離課税

所得について個別に計算

給与所得 × 税率

配当所得 × 税率

**税額の求め方**

**1年間に得た所得が給与所得と配当所得のみ**

▼

**(給与所得 − 所得控除) × 累進税率 ＝ 給与所得の税額**

**(配当所得 − 所得控除) × 累進税率 ＝ 配当所得の税額**

# 所得の種類一覧

| 所得の種類 | 対象 | 課税方式 |
|---|---|---|
| **利子所得** | 公社債や預貯金の利子、公社債投資信託や公募公社債等運用投資信託の収益の分配金など | 源泉分離課税※1 |
| **配当所得** | 法人から受け取る株式の配当、利益の配当、剰余金の分配、証券投資信託の利益分配など | 申告不要、総合課税、申告分離課税 |
| **不動産所得** | 土地や家屋などの不動産を貸して得られる地代や家賃収入 | 総合課税 |
| **事業所得** | 農業、漁業、製造業、小売業、卸売業、サービス業などの事業から得られる所得 | 総合課税※2 |
| **給与所得** | 給与、賃金、賞与など | 総合課税 |
| **退職所得** | 退職手当、その他の退職により一時に受け取る給与など | 申告分離課税 |
| **山林所得** | 所有期間5年超の山林の伐採や譲渡による所得 | 申告分離課税（5分5乗） |
| **譲渡所得** | 不動産や株式などの資産を売却して得た所得 | 総合課税※2 |
| **一時所得** | 営利を目的とする継続的行為から生じた所得以外の一時の所得で、資産の譲渡の対価としての性質を持たないもの | 総合課税※2 |
| **雑所得** | 公的年金や原稿料など、上記の所得のいずれにも当てはまらないもの | 総合課税※2 |

※1：特定公社債等の利子等については、申告分離課税。

※2：中には分離課税として取り扱われるものがある。分離課税の対象となるのは、株式等の譲渡による所得（事業・譲渡・雑所得）、土地の譲渡による所得（譲渡）、先物取引による所得（事業・譲渡・雑）など。

けて**総合課税**と**分離課税**の2つ。総合課税は1年間に生じた総合課税に分類される所得同士を合計して課税するもので、累進税率が適用されます。分離課税は他の所得と合計せず、該当の所得にのみ独自の税率が適用され、確定申告の有無によって申告分離課税と源泉分離課税に分かれます。事業所得など、一部の所得は損失が出た場合に他の所得の**利益と損失を合算（相殺）できる損益通算**が行えますが、損益通算できる所得の組み合わせには、細かいルールがあります。

特別資料 1

# 所得税計算チャート

参考:財務省HP「わが国の税制の概要」

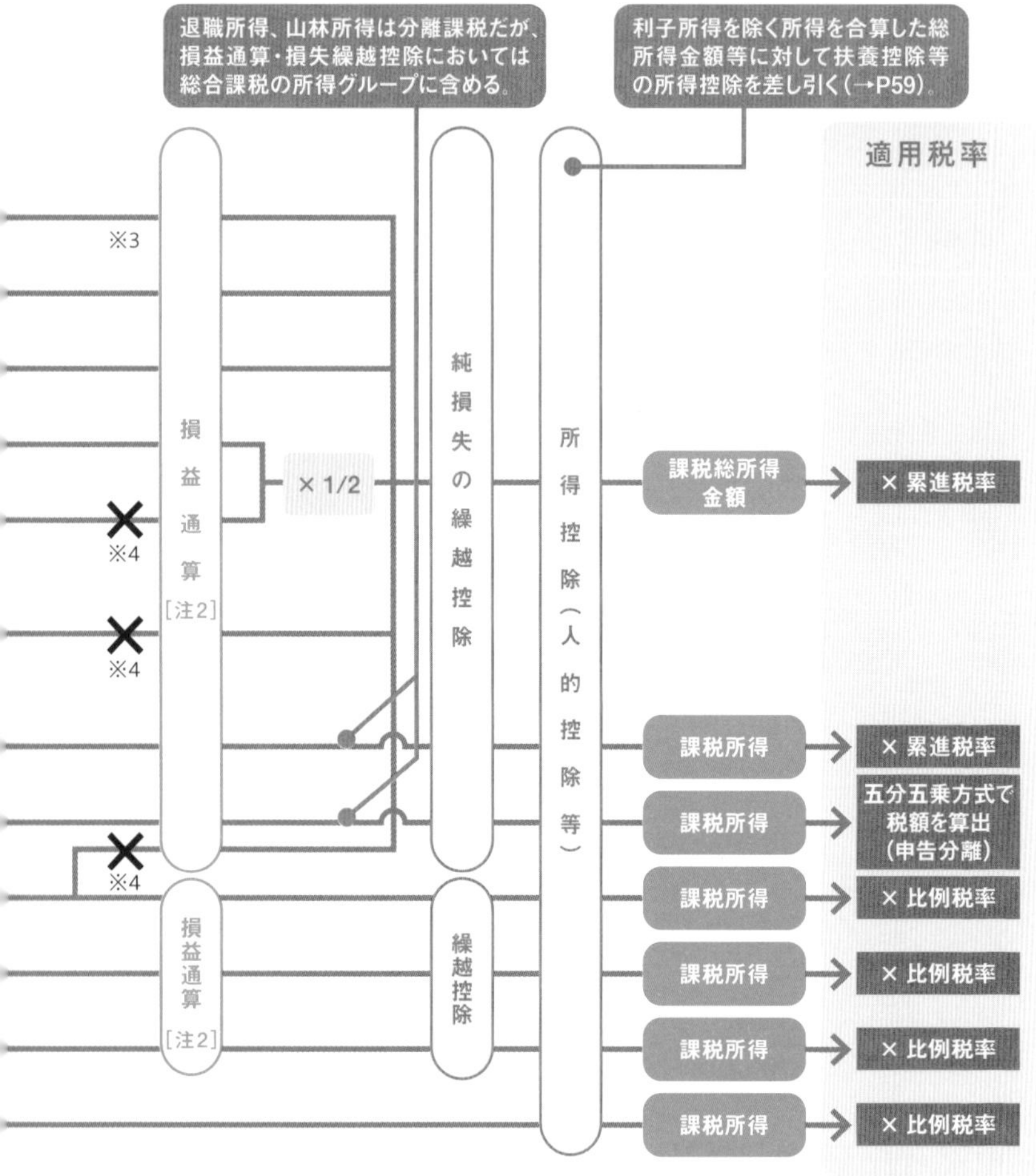


[注1] 主な収入を掲げており、この他に「先物取引に係る雑所得等」などがある。また、各種所得の課税方法についても、上記の課税方法のほか、源泉分離課税や申告分離課税等が適用される場合がある。

※1：勤続年数5年以下の者が支払いを受ける退職金（法人役員等以外の者が支払を受ける退職金については、退職所得控除を控除した残額のうち300万円を超える部分に限る）については、2分の1課税を適用しない。

※2：「配当所得」、「特定公社債等の利子所得」および「上場株式等の譲渡所得」については、一定の要件の下、源泉徴収のみで納税を完了することができる（確定申告不要）。
「上場株式等の配当所得」については、申告する際、総合課税（配当控除適用可）と申告分離課税のいずれかを選択可能。「上場株式等の譲渡損失」と「上場株式等の配当所得」及び「特定公社債等の利子所得」との間は損益通算可能。

※3：23歳未満の扶養親族や特別障害者である扶養親族等を有する者等については、平成30年度改正において行われた給与所得控除額が頭打ちとなる給与収入の850万円超への引き下げによる負担増が生じないよう、所得金額調整控除により調整。給与・年金の両方を有する者については、給与所得控除・公的年金等控除から基礎控除への振替えによる負担増が生じないよう所得金額調整控除により調整。

※4：これらの所得にかかる損失額は他の所得金額と通算することができない。

| 収入の種類［注1］ | 必要経費等 | | 所得分類［注2］ |
|---|---|---|---|
| 給料・賃金 | 給与所得控除（特定支出控除） | | 給与所得 |
| 事業収入 | 必要経費 | | 事業所得 |
| 不動産収入 | 必要経費 | | 不動産所得 |
| その他の資産の譲渡収入（5年超） | 取得費等 | 50万円控除 | 譲渡所得（総合長期） |
| 一時の収入 | 収入を得るために支出した金額 | 50万円控除 | 一時所得 |
| 公的年金 | 公的年金等控除 | | 雑所得 |
| その他収入 | 必要経費 | | 雑所得 |
| 退職金 | 退職所得控除 | ×1/2 ※1 | 退職所得 |
| 山林収入 | 必要経費 | 50万円控除 | 山林所得 |
| 配当収入 | 負債利子 | | 配当所得 ※2 |
| 特定公社債等の利子収入 | | | （特定公社債等の）利子所得 ※2 |
| 上場株式等の譲渡収入 | 取得費等 | | （上場株式等の）譲渡所得 ※2 |
| 土地等の譲渡収入 | 取得費等 | | （土地等の）譲渡所得 |

［注2］各種所得の金額及び課税所得の金額の計算上、一定の特別控除額等が適用される場合がある。

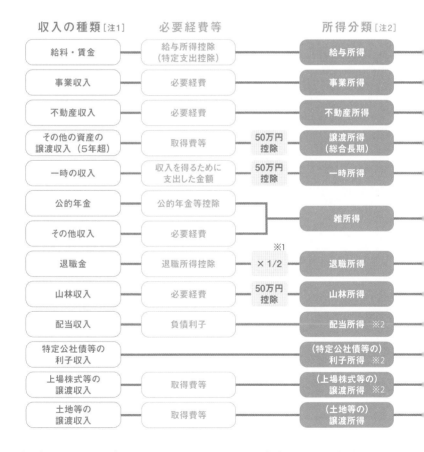

Types

所得の税金

# 税金はどうすれば？副業収入のギモン

働き方改革の推進などを背景に、かつてと比べて副業が一般的になりました。一口に副業といっても、物販やアルバイト、ブログのアフィリエイトなど収入を得る手段は様々で、所得の分類も異なります。主な副業は**雑所得か事業所得**のいずれかに分けられます。**事業所得は節税メリットを得られる点が雑所得より多い**ため、どちらの所得に分類できるか

## 副業所得は

### 雑所得の場合

確定申告は必要？

年末調整を受けた給与所得以外の所得が20万円以下であれば不要。

事業所得にできる？

記帳・帳簿書類の保存をしていれば、事業所得とみなされる。記帳・帳簿書類の保存がなく、収入が300万円を超えない場合は雑所得とみなされる可能性も。

## 事業所得の場合

# 大きく分けて2つ

**青色申告って?**

確定申告の一種。帳簿の記帳や取引を記録する書類の保管など一定のルールに従うことで、10万円〜65万円の特別控除を受けられる。(→P84)

**経費はどこまで?**

事業を行うために必要な費用であり、支出を証明する資料があれば経費と認められる(→P86)。また、青色申告の場合にのみ認められる経費もある。

といった点が手取りに大きく関わります。この点について、2022年に国税庁が目安として、**記帳・帳簿書類を保存している場合には概ね事業所得に区分**されることを公表。記帳・帳簿類の保存がない場合も、収入が300万円を超えると、概ね事業所得に区分されることを明らかにしました。ただし、事業としての継続性や客観的に事業として成立しているかなど、個別に判断が必要な点もあります。**主な収入が給与所得である場合には雑所得**とみなされるケースも珍しくありません。

# 所得の種類によって副業収入の手取りは変わる

## 副収入の例

**雑所得**

- 原稿料
- セミナーの謝礼　など

**給与所得**

- アルバイトの給料
- 役員報酬　など

**譲渡所得**

- 株式売買
- 土地の売買
など

**事業所得**

- 個人事業の収入
(インストラクター・
カメラマンなど)

**不動産所得**

- 土地や建物などの
不動産の貸付け
など

## 副収入で赤字が出た場合に損益通算できると…

給与所得 400万円 ＋ 事業所得 ▲50万円 ＝ 課税所得 350万円

副収入が事業所得や不動産所得なら給与所得との損益通算が可能。
雑所得は損益通算できないため、課税所得は400万円のまま

副収入を広く捉えると雑所得と事業所得の他に、ダブルワークによって2カ所以上の事業者から得る給与所得、株の売買によって得る譲渡所得、不動産を貸し出して得る不動産所得などが挙げられます。株の譲渡所得以外は総合課税であり、**不動産所得と事業所得は、赤字が出た場合に給与所得などと損益通算を行えます**。給与所得と雑所得は、

## 事業所得か雑所得か、同じ売上でも手取りが変わる

例

給与所得：
**400万円**
所得控除：
**基礎控除のみ**

### 雑所得

売上
300万円

（給与所得 400万円 ＋ 雑所得 300万円 － 経費 50万円 － 所得控除 48万円）× 累進税率 ＝ 税額 約78万円

### 事業所得

売上
300万円

（給与所得 400万円 ＋ 売上 300万円 － 経費 50万円 － 青色申告特別控除 65万円 － 所得控除 48万円）× 累進税率 ＝ 税額 約64万円

雑所得と比べて
使える控除が増える！
（赤字の場合は
損益通算も可能）
↓
税額が安くなる

損失が発生しても赤字部分の相殺は認められず、損益通算でマイナスの所得として扱うことはできません。

事業所得の「損益通算が認められる」「青色申告が利用できる」点は手取りに影響する大きなメリットです。場合によっては、雑所得より売上が多いにもかかわらず、最終的な所得税額が雑所得の場合より低くなるケースもあり得ます。ただし、「営利性が認められない」、つまり**損益通算のために赤字をわざと出すような活動は事業所得として認められない**ので注意が必要です。

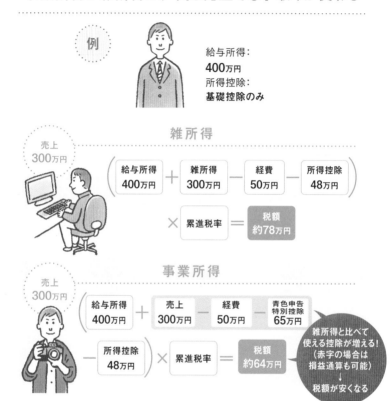

# 控除と経費の範囲に差がある
# 青色申告と白色申告

確定申告には**青色申告と白色申告の2つの申告方法**があります。白色申告は帳簿の記帳が比較的シンプルで済む申告方法。ただし、認められる控除額、損失の繰越控除ともに、かなり限定されます。

**青色申告は最大で65万円の特別控除**に加え、赤字が出た場合に損失を最大3年間繰り越して所得から差し引くことができる**損失繰越控除**や、「少

## 青色申告のメリット・デメリット

| 青色申告 |
|---|
| あり |
| あり |
| 10万円(単式簿記)<br>65万円※／55万円(複式簿記) |
| 簡易簿記<br>正規の複式簿記 |
| 貸借対照表・損益計算書<br>全て記入が原則 |
| 妥当であれば金額の制限なし<br>一定以上は源泉徴収が必要。あらかじめ専従者給与の届け出が必要 |
| あり ❸ ❹ |

※e-taxで確定申告もしくは一定の要件を満たす電子帳簿の保存が必要

### ❶ 家賃、光熱費の一部を経費に

自宅兼オフィスの家賃や光熱費を家事按分（→P86）として経費にできる。白色申告では業務での使用部分の割合が50%超の家事関連費だけが対象。

### ❸ 赤字を3年間繰り越せる※青色申告のみ

損益通算しても控除しきれない赤字が出た場合、翌年以降3年間にわたって繰り越して、翌年以降の各年分の所得金額から控除できる。

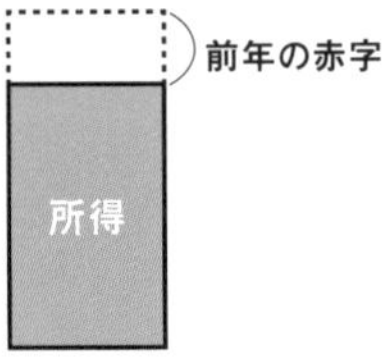

# 白色申告と

### ❷ 家族への給付が必要経費にできる

届出書を出して、生計を一にする家族を事業専従者にすることで、白色申告、青色申告ともに家族への給与を経費にできる。

### ❹ 減価償却資産を一括経費に※青色申告のみ

少額減価償却資産の特例を適用することで、30万円未満の固定資産について、購入したその年に全額経費として計上できる。(年合計300万円まで)

| | 白色申告 |
|---|---|
| 届け出の必要 | なし |
| 開業届の必要 | なし |
| 特別控除 | なし |
| ❶ 記帳義務 | 単式簿記（収支内訳書も必要） |
| 決算書作成 | 一部未記入でも可 |
| ❷ 家族従業員への支払い | 配偶者86万円、それ以外は50万円まで |
| 赤字処理、減価償却の特例 | なし |

額減価償却資産の特例」を利用して一定額の固定資産を全額経費として一括計上できるなど、白色申告にないメリットを得られます。青色申告の対象となる所得には、事業所得の他、不動産所得、山林所得もあります。

　青色申告の利用には、**事前に青色申告承認申請書の届け出が必要**です。また、白色・青色に関わらず個人事業主には記帳や帳簿・領収書等の保存が義務付けられていますが、青色申告で**特別控除を受けるためには、複式簿記での複雑な記帳が必要**となります。

# 個人事業における経費どこまで認められる？

事業所得における経費は、納税額に影響する無視できない要素です。どのような費用が経費に認められるか、その基準は**事業に関係があることを証明できる**という点に集約されます。仕事に必要なものであれば消耗品や旅費交通費、通信費から、打ち合わせの会食にかかった飲食費までも計上できます。家賃や水道光熱費などは**家事按分**といい、**仕事**

## 事業における経費の意味

### 会社勤めの経費

立替払いをした経費を会社に申請して、払い戻しを受ける（実費精算）。払い戻し分は、単に立て替え払いの精算のため、給与所得者に課税は生じない。

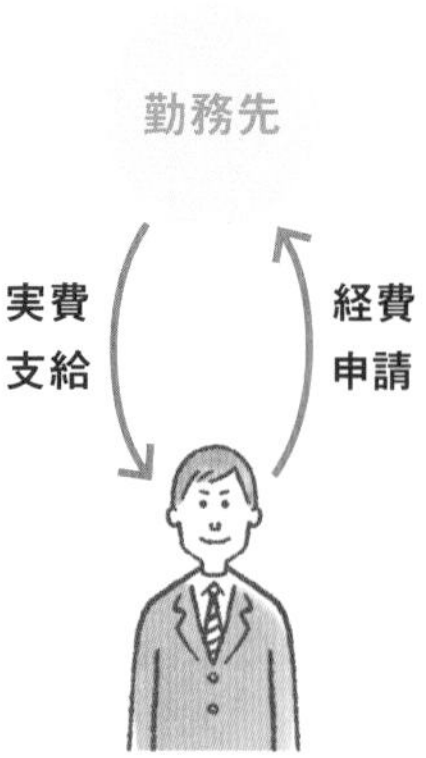


### 個人事業における経費

課税対象の所得金額から差し引かれる。家事按分や打合わせ代などに加え、予定されている事業資産の修繕など、いずれ必要になるものを前倒しで先行投資することで節税につながる。

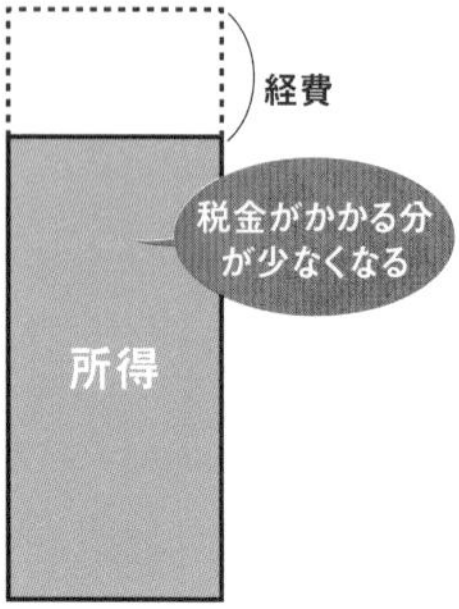

## 出張旅行で見る、個人事業で“落とせる経費”

### 遠方の得意先へ出張、前泊する

- 飛行機や新幹線のチケット代、レンタカー代
- 駐車場代
- ガソリン代

▼

### 翌日、手土産を買って客先訪問

- 宿泊費
- 贈答品費

▼

### 会食中、スーツを汚した…

- 常識的な範囲の飲食費
- スーツのクリーニング代

▼

### 帰宅後にビデオ会議

- ビデオ会議ツールの購入費
- パソコンその他機材費
- 回線費

**で使用している割合を算出してその分の費用のみ経費計上**することもできます。

事業では毎年の売上に波があり、所得税は累進税率（→P53）となっています。そのため、儲かった年に多額の税金を払い、翌年、事業に必要な機材を新調してみたら、今度は売上不振で手元にお金が残らなかった、ということもあり得ます。いずれ必要になることがわかっている機材の購入や事業資産の修繕などは、儲かった年に**先行投資として済ませて経費にする**のも合理的といえます。

# 働く上でおさえておきたい 法人税の基礎知識

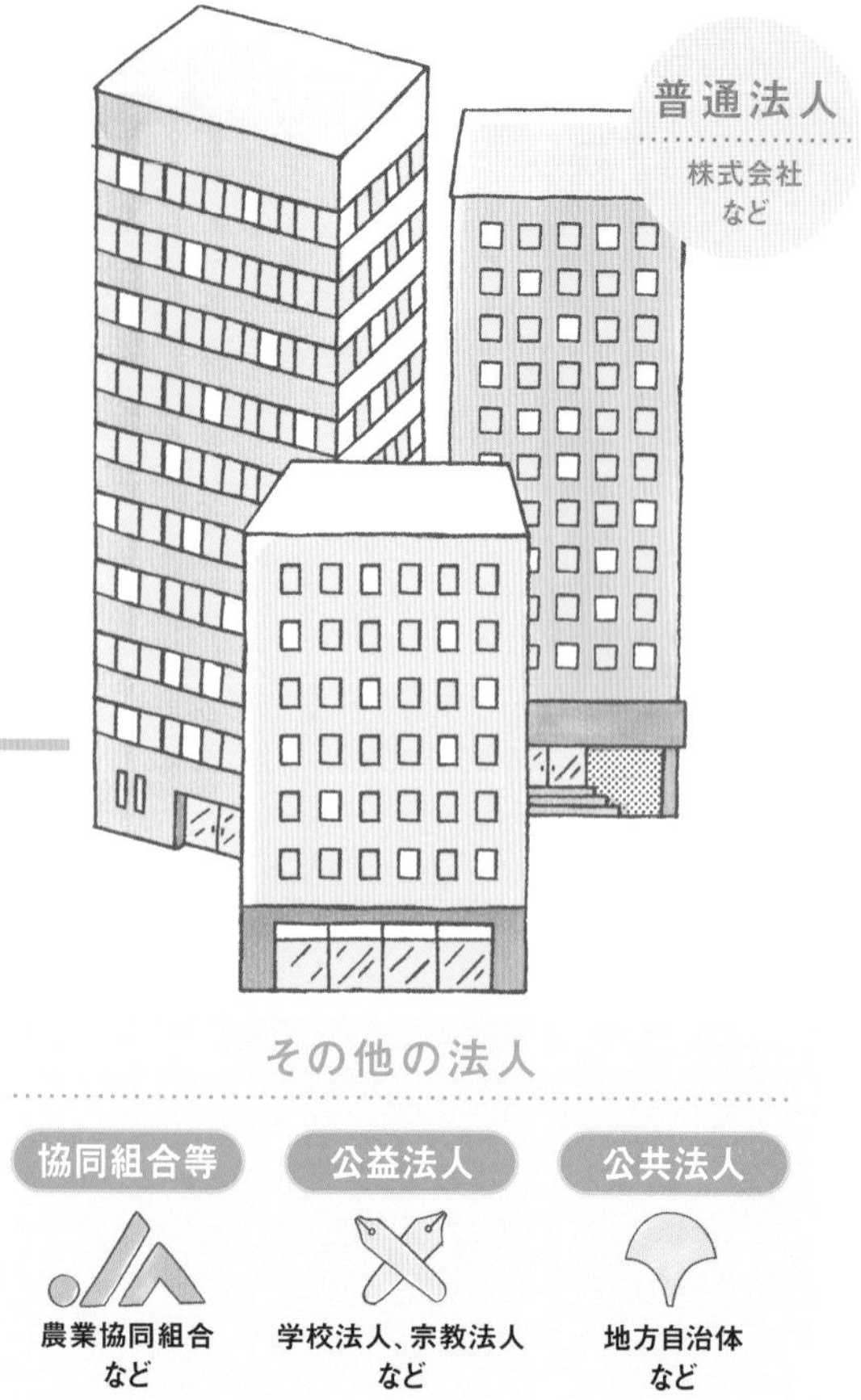


法人の経済活動には様々な税金がかかります。中でも所得にかかる**法人税、法人住民税、法人事業税を法人3税**といい、課税額の中でも大きな比重を占めます。

法人税は法人の種類や規模（資本金）に応じて、異なる税率が適用されます。地方自治体など公共法人は非課税です。一方、宗教法人などの公益法人は、収益事業（宿

**法人3税**

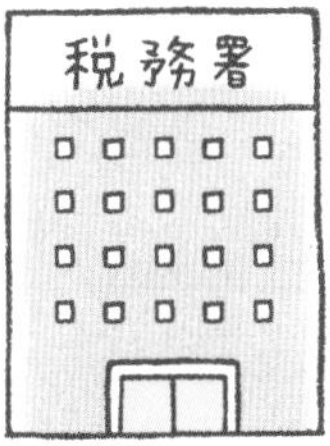


### ❶ 法人税

法人の企業活動によって得た所得に対してかかる税金。国税であり、申告納税方式が採用されている。

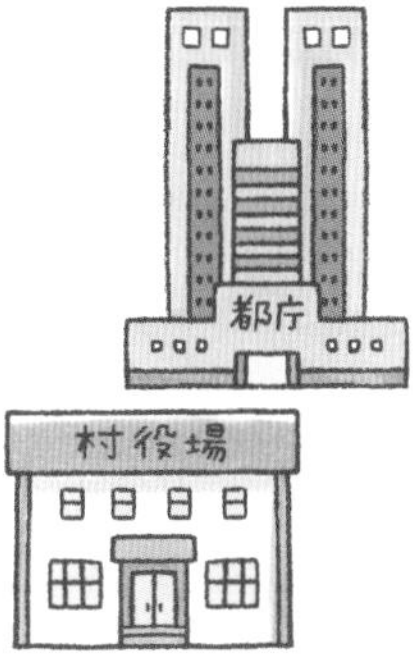


### ❷ 法人住民税

法人の所得に対してかかる。「法人都道府県民税」と「法人市町村民税」があり、法人の事業所がある自治体から課税される地方税。

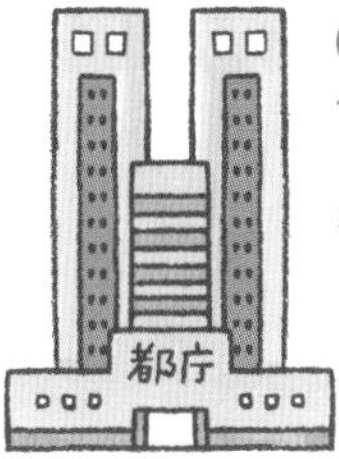


### ❸ 法人事業税

法人の事業や規模、所得によって、税額や税率等が異なる地方税。納付先は都道府県のみ。

泊施設の経営など）の所得については課税されます。

法人税の対象となるのは、法人の会計年度における課税所得ですが、**決算書で計算される利益がそのまま課税所得になるわけではありません。**大企業には通常の標準税率が適用される一方、中小企業には一定の所得に対して軽減税率が適用されます。さらに中小法人向けの優遇措置も設けられています。法人税は税収の柱であるとともに、優遇税制の調整によって産業競争力を高めるという政策目標の実現も兼ねているのです。

# 会計上の利益と課税所得は異なる
## 法人税額を求める流れ

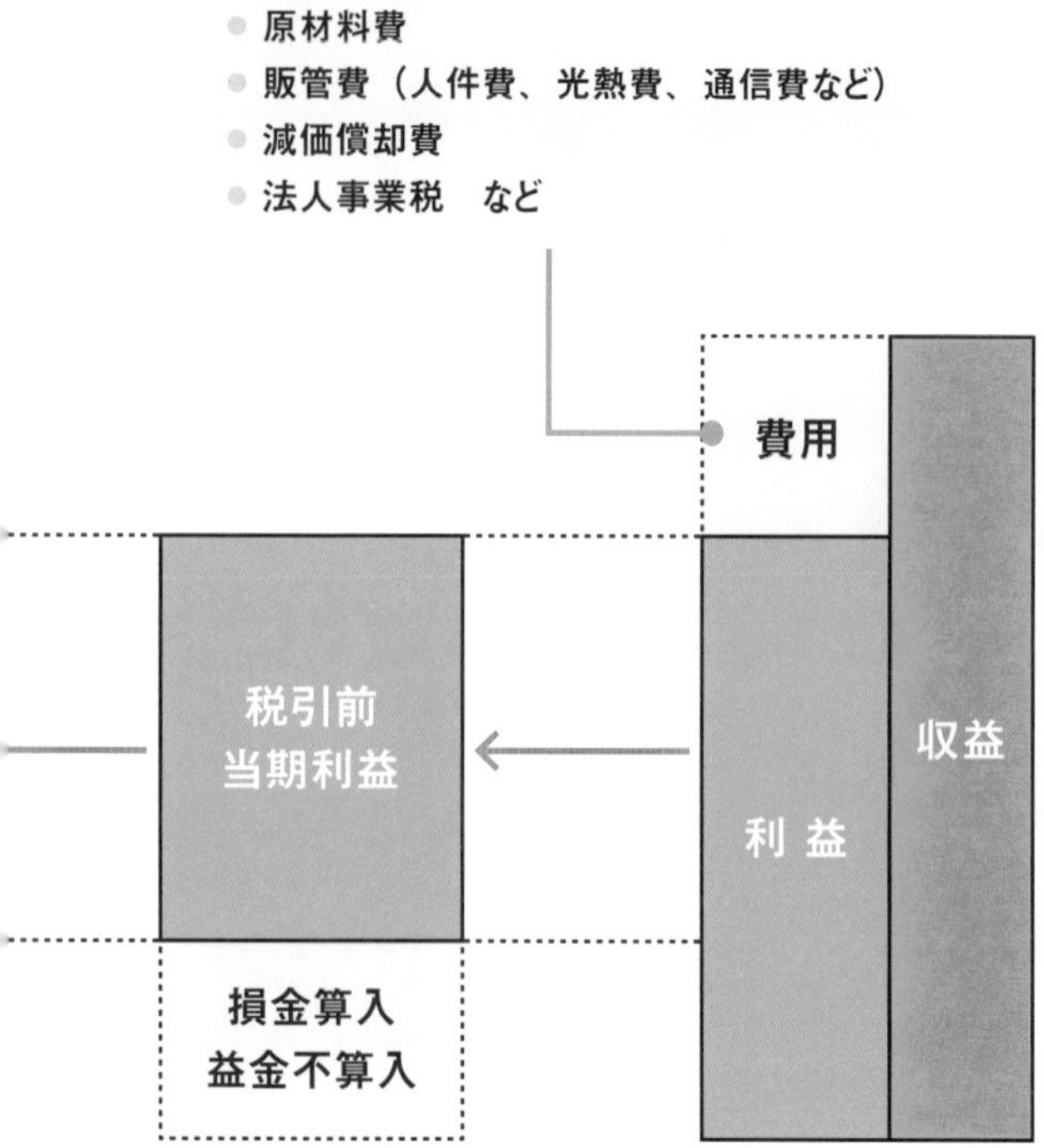


1 収益から費用を除いた利益から、企業会計上は費用とならないが、税務上は損金とするものを減算（減算項目）。

法人税の算出は、その年度の「益金」（企業が得た収益）から「損金」（経営にかかった必要経費）を引く課税所得の計算がポイント。益金には売上や土地・建物の売却収入などが含まれ、損金には売上原価や販管費などが含まれます。重要な点は、**会計上は費用とされるものが、税務上の損金と必ずしも一致せず、会計上の収益も益金と一致しない**と

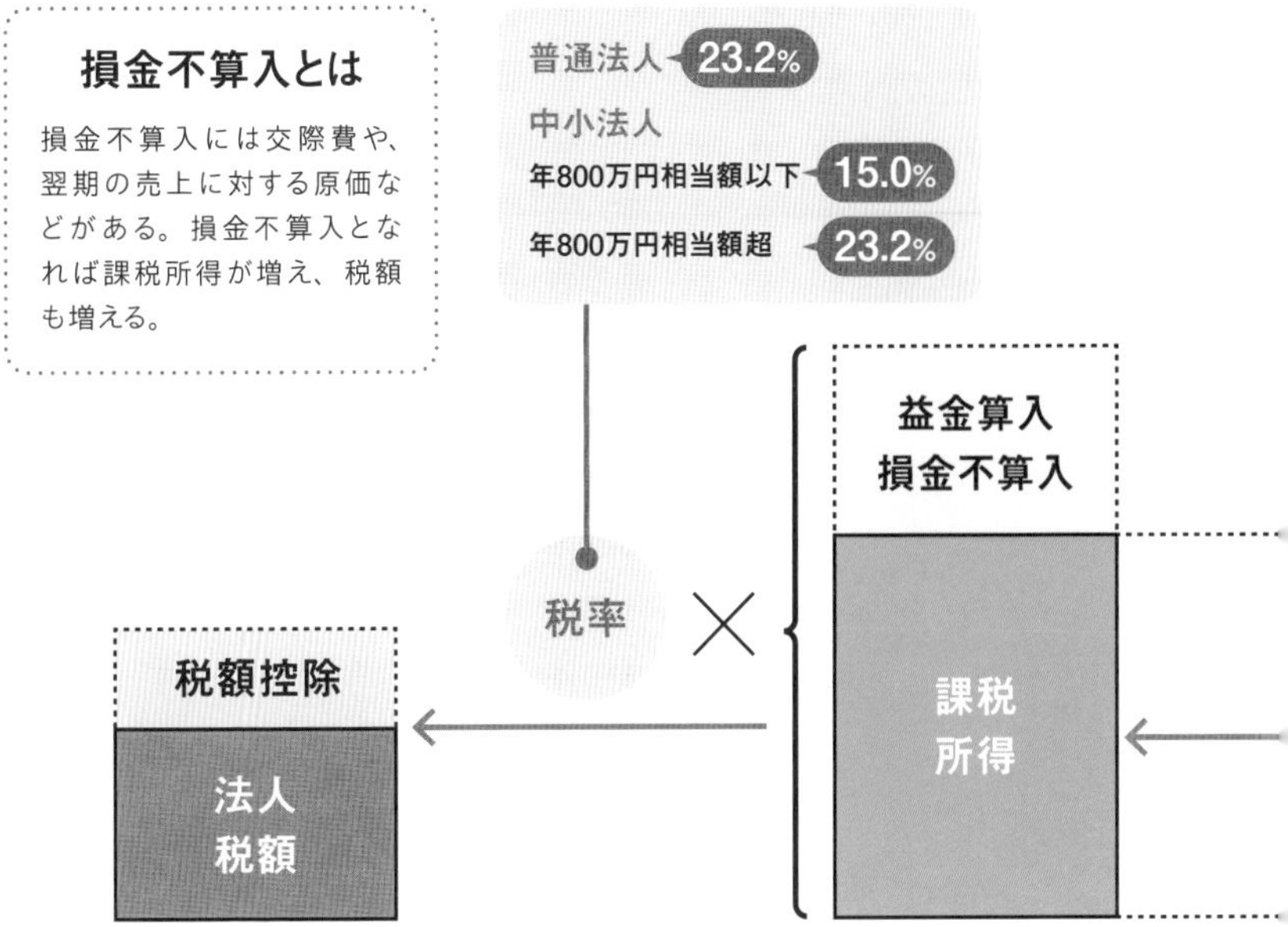

損金不算入とは
損金不算入には交際費や、翌期の売上に対する原価などがある。損金不算入となれば課税所得が増え、税額も増える。

3　法人の規模に応じた税率を掛けて法人税額を算出。

2　企業会計上は費用となるが、税務上は損金とはしないもの等を加算して課税所得を求める（加算項目）。

いうこと。このズレを調整することを**申告調整**といいます。

計算の流れは、始めに会計上の税引前利益を算出。その利益の計算に含めなかったもののうち、益金、損金として含めなければならない分を利益に加え（**益金算入、損金算入**）、さらに利益計算に含めていたものの益金、損金として含めなくてよいものを計算から除きます（**益金不算入**、**損金不算入**）。益金算入、損金不算入は所得金額を増額するため「加算項目」、益金不算入と損金算入は所得金額を減額するため「減算項目」といいます。

# 日本の法人税は高い？
# 法人税のあれこれ

所得控除の廃止や消費税の増税が話題に上がると、法人税が槍玉にあがります。**日本の法人税率は計画的かつ段階的な引き下げによって減税傾向**にあるためです。なぜ引き下げられるのか。背景には企業の競争力、とりわけ国際競争力を高める狙いがあります。現状の日本の法人税率は減少傾向にあるとはいえ、いまだにアメリカや中国など世界の

## 法人税を払っている企業数は4割以下？

赤字決算の法人には、法人税はかからない（一部の税金はかかる）。日本の企業の約6割は欠損法人（所得が負または0となる法人）であり、法人税を払っていないという統計もある。

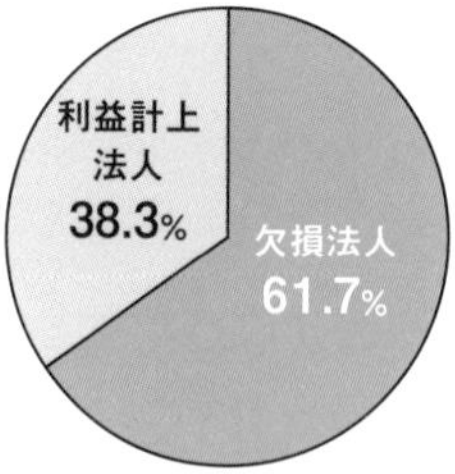


国税庁
「令和3年度分会社標本調査」より

## 法人税を減税すると税収が増える？

法人税を減税すると企業の投資意欲が高まり、外国企業の進出が増えるため、税収が増えるという見方がある。なお、日本の法人税率は国際的に比較すると高い水準にある。

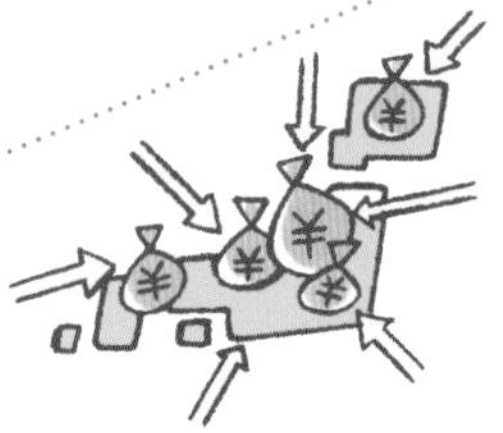

## 産業競争力を高める租税特別措置

補助金と比べて、手続き上のコストが少なく済む租税特別措置は、使い勝手のよい政策手段。法人向けには、研究開発や投資、賃上げを促進するための様々な税制があり、近年は企業のDXを促進するDX投資促進税制などが設けられている。

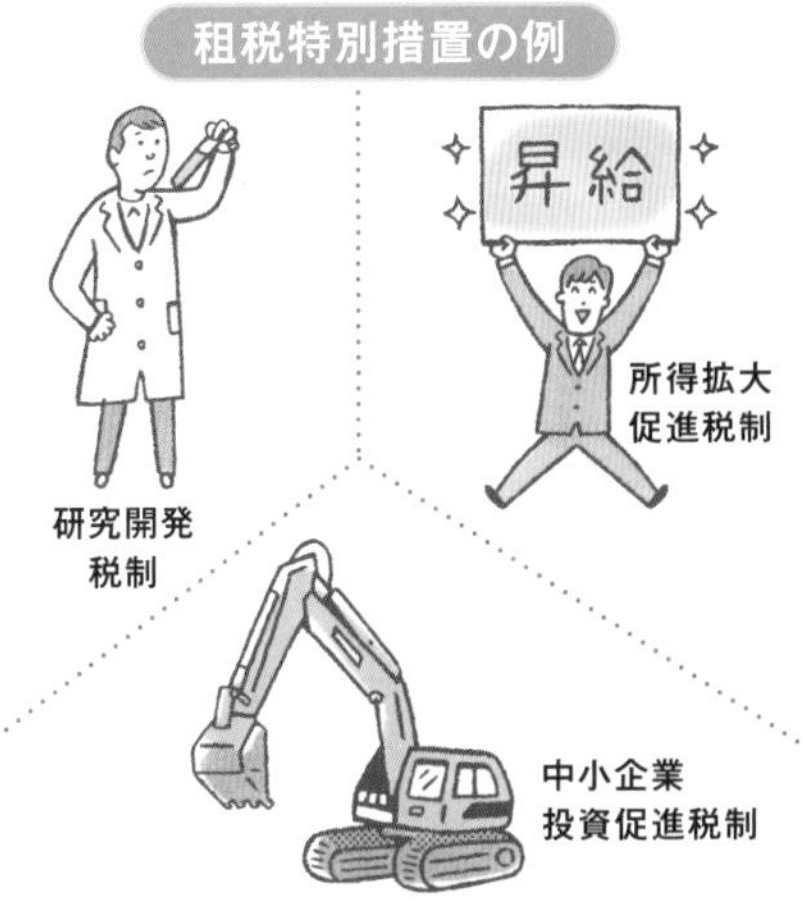


## 借入の返済は税引後利益から

法人にとって借入は事業の拡大や資金不足の解決に欠かせない手段。損益計算書には返済が含まれないので、注意が必要。借入金の年間返済額を賄うための返済原資は、税引後利益であることを踏まえて返済計画を立てる必要がある。

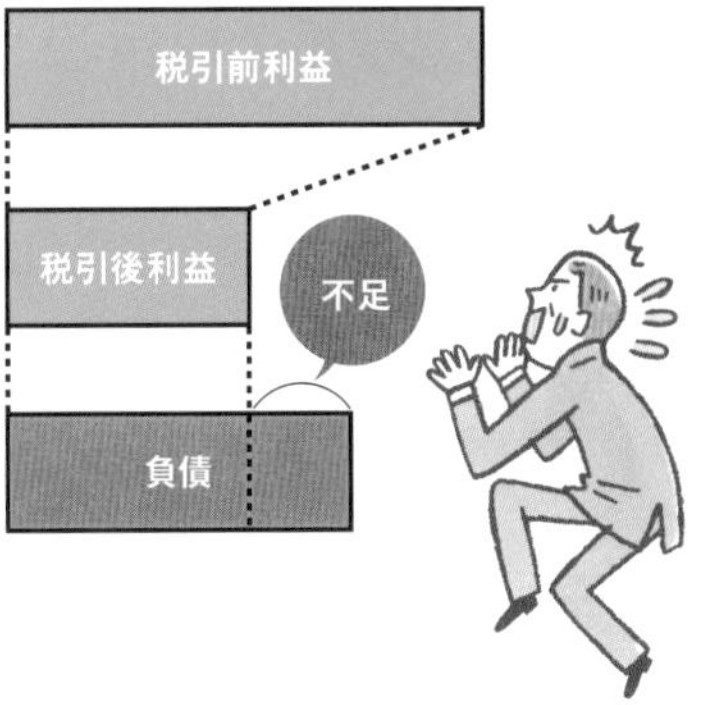


主要国と比べて高く、海外からの企業誘致や投資を呼び込む観点で不利なのです。

また、100%の資本関係にある企業グループに対して、資産譲渡などグループ企業間取引による損益を税務上認識しないグループ法人税制や、様々な租税特別措置を敷くなど、法人への税金は、ある程度の**減収があっても産業成長を優先**する側面があります。とはいえ、減収分の代替税源も確保しなければなりません。そのため、政府は赤字法人への課税強化を図っているという一面もあります。

Column

3

# 人の行く裏に道あり？ 節税スキームの栄枯盛衰

## 少額・大量購入で損金に ドローン・足場のレンタル

レンタル

固定資産は10 万円未満であれば購入時に全額を損金計上できる。そこで、10 万円未満のドローンや足場などを大量に購入して専門業者にレンタル。購入額全額を損金計上することで、所得を圧縮できた。
現在では、これらの貸付用資産について10 万円未満であっても、購入時全額損金処理は認められなくなった。

## 親子で一般社団法人？ 法人へ資産譲渡で税逃れ

一般社団法人
相続ではなく、法人の社員になっただけ

※社団法人の「社員」は、株式会社での「株主」に似た権限を持つ。

「①親が社員となり一般社団法人を設立」「②親の不動産を一般社団法人に譲渡。生存中は理事報酬等の名目で不動産収益を受け取る」「③相続発生後、社員を子に変更」とすることで、相続税の課税なく、子に財産を渡せた。

現在は一定の要件に該当する一般社団法人に資産を移管した時点で、税金が課されるように。

過去、節税策として様々な手法が開発されてきました。税法の抜け穴を利用して、損益通算による所得の圧縮を図ったり、課税逃れを狙ったり…。手法がもてはやされ、行き過ぎた節税が行われると、税制が改正されスキーム（仕組み）が使えなくなる、といういたちごっこは、今も国と納税者との間で繰り広げられています。ここでは近年の税制改正によって封じられた節税スキームを紹介します。

## 節税できて不動産収入も!
## 海外中古不動産への投資

欧米には、地震の頻度や気候条件から、中古不動産の価値が新築並みに維持されるものがある。また、家の購入金額のうち土地が占める割合が小さい。そこで、欧米の中古不動産を購入。「中古不動産は経過年数に応じて減価償却の耐用年数が短くなる」というルールを利用して、購入費の7 割もの金額を、わずか4 ～5 年で減価償却費として不動産所得に大赤字を作り、損益通算で所得税を大幅に節税できた。しかし、税制改正により海外不動産については減価償却費によって生じた赤字部分の損益通算が認められなくなり、節税効果が消滅した。

※減価償却…建物や設備など、時の経過等によってその価値が減っていく資産について、取得に要した金額の全額を分割して必要経費とする手続き。

## 解約返戻金を退職金に?
## お得な法人向け生命保険

君らの退職金は
生命保険から出るよ
社長
え…

法人向け生命保険で、払込時に全額を損金に計上でき、かつ中途解約した際に高い解約返戻金を受け取れる保険が流行。解約返戻金がピークになった時点で解約し、その資金を役員の退職金等にあてる目的で活用された。

現在は、ピーク時の解約返戻率が高いものほど、支払った保険料を損金に算入できる割合が少なくなった。

Column

4

# 競馬の払戻金はどの所得？ 命運分けるハズレ馬券の解釈

当たり馬券で大きく儲けたはずが、逆に追徴課税で破産の危機に…。競馬で思わぬ額の課税を求められるケースがしばしばニュースになります。ポイントは、払戻金がどの所得に解釈されるか。競馬などのギャンブルで得た利益は一時所得とされます（→P77）。ただし、一時所得は「営利を目的とする継続的行為から生じたものを除く」ため、事業性が認められれば雑所得にもなり得ます。一時所得では当たり馬券の購入金額しか収入から引くことができないため、獲得賞金のほとんどが課税を受けます。一方雑所得では外れ馬券の購入金額も経費として認められます。つまり、当たるまで大量のハズレ馬券を購入しているような場合、残る利益が大きく変わることに。実際に雑所得として認められた例には、自動購入ソフトを使用して継続的に大量の馬券を購入していたケースがあります。所得の区分が違うだけで、命運が大きく分かれるのです。

例

- 払戻金：**1億円**
- 当たり馬券の購入費：**10万円**
- ハズレ馬券の購入費：**9,000万円**

**一時所得の場合**

**（1億円 − 購入費10万円 − 特別控除額50万円）× 1/2**
**＝ 約5,000万円が課税対象**

**雑所得の場合**

**1億円−ハズレ馬券を含む購入費**
**＝ 約1,000万円が課税対象**

Chapter 3

マイホーム・投資・老後資金…

# 資産にかかる税金

「貯蓄から投資へ」の時代、資産をつくり、守るために必要な税の知識はますます重要に。不動産や金融商品、老後の生活資産にかかる税金と優遇措置を見ていきましょう。

TAX

# よりよい暮らしを築く
# 資産・投資にかかる税金

資産づくりの選択肢はたくさん。税金もそれぞれ違います。用意されている優遇制度が、自分にとって最適な選択肢か、見極めが必要です。

## これだけおさえる!

- 不動産にかかる税金は特例、軽減措置をおさえる
- 株式投資は特定口座・NISA の利用がお得
- 老後資産に関わる iDeCo、退職金の受け取り方を攻略

公的年金だけに頼らず
節税メリットも得る
→P126

住宅ローン利用中なら
所得税の軽減を検討
→P109

株式投資には非課税の
優遇制度がある
→P114

退職金は受け取り方で
税額が変わる
→P129

不動産取得にかかる
税は軽減措置あり
→P108

金融商品ごとに税率や
所得の分類が異なる
→P110

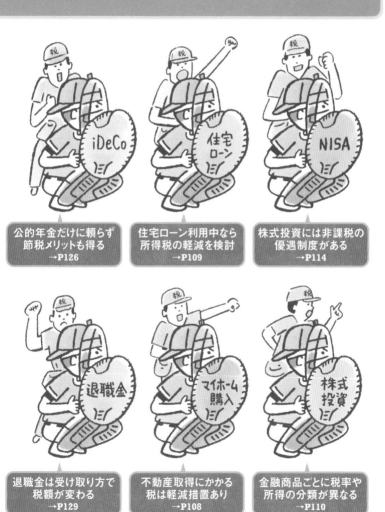

Types

不動産の税金

# 資産評価額がカギ！不動産にかかる税金さまざま

### 土地と建物それぞれに税金がかかる

土地と建物はそれぞれ評価額が異なり、税額の計算方法も異なる。マンションの一戸を所有する場合、固定資産税が土地の持ち分についても課税される。

### 税額に影響する固定資産税評価額の算定

固定資産税評価額は各自治体が土地と家屋それぞれに対して算定、固定資産課税台帳に記載される。3年に1度、評価額の見直しがあり、経年劣化の分、減価される。

一生のうちでも大きな買い物になるマイホーム。不動産に関連する税金は、主に取得時、保有時、そして売却時の3つの段階で発生します。不動産を購入する際に一度だけ納める**不動産取得税**。所有している間、毎年納める**固定資産税と都市計画税**。不動産の売却によって生じた譲渡所得に対して課税される**所得税**が主な税金で、その他手続き

## 取得にかかる税金

- 不動産取得税
- 印紙税
- 登録免許税
- 消費税

## 維持・保有にかかる税金

- 固定資産税
- 都市計画税

## 売却にかかる税金

- 所得税（譲渡所得）
- 住民税
- 印紙税
- 登録免許税
- 仲介手数料の消費税

にまつわる税金も加わります。これらの税金は**不動産の価格に基づいて計算**されますが、取得、保有にかかる税金の計算には購入価格ではなく、市区町村が算出する**固定資産税評価額**が用いられます。土地の場合は公示価格の70％程度、建物については再建築価格（評価の対象となった家屋と同一のものを、評価の時点においてその場所に新築する場合に必要とされるであろう建築費）の50～70％程度で評価され、評価後は固定資産課税台帳に記録され、**定期的に再計算されます。**

※公示価格…土地の適正な価格を判断する目安として国土交通省が決めた価格。

# 増改築した場合も対象 不動産の取得にかかる税金①

### 土地にかかる不動産取得税

固定資産税評価額 × 1/2 ※1 × 税率 3~4% ※2 ー 軽減額

- 固定資産税評価額：一般的な水準は公示価格の70%
- 軽減額：a、bのいずれか高い方
  - a 4万5,000円
  - b（土地1㎡あたりの価格※）×（課税床面積 × 2（200㎡が上限）× 3%
  - ※土地1㎡あたりの価格は「固定資産税評価額 × 1/2 ÷ 土地の面積」

#### 軽減の適用条件（新築住宅用）

- 土地を取得してから３年以内にその土地上に住宅を新築すること。かつ住宅が新築されるまで、その土地を継続して所有していること
- 新築前に先行して取得した土地を譲渡した場合は、土地取得から３年以内に譲渡相手がその土地の上に住宅を新築していること
- 住宅を新築後から１年以内に、その住宅を新築した人がその住宅の敷地（土地）を取得していること

#### 軽減の適用条件（中古住宅用）

- 土地と住宅の取得者が同じであること
- 取得した住宅が中古住宅の軽減要件を満たしていて、なおかつ土地の取得が住宅取得前後の１年以内であること

※1：2027年3月31日まで。
※2：2027年3月31日まで軽減税率3%。軽減適用前の本則では4%。

不動産の取得には不動産取得税がかかります。家屋や土地の購入、**家屋の新築だけではなく、増改築した場合なども課税対象**に含まれます。相続で取得した際は相続税の対象となり、不動産取得税はかかりません。固定資産税と異なり、**不動産取得時の１回だけ納めます**。

不動産取得税には軽減措置があり、家屋と土地それぞ

## 家屋にかかる不動産取得税

（固定資産税評価額 ― 軽減額）× 税率 3～4%※1

- 固定資産税評価額：一般的な水準は再建築価格の50～70%
- 軽減額：
  - 新築住宅の場合　1,200万円　※認定長期優良住宅の場合は1,300万円
  - 中古住宅の場合　100万～1,200万円　※築年次ごとに変動

### 軽減の適用条件（新築住宅）

- 居住用に取得した住宅であること
- 住宅の延べ床面積が 50㎡（一戸建て以外の賃貸住宅は 40㎡）以上、240㎡以下であること

### 軽減の適用条件（中古住宅）

- 本人の居住用に取得した住宅であること
- 住宅の延べ床面積が 50 ～ 240㎡以下であること（延べ床面積には物置や車庫、マンションの共用部分なども含む）
- 1982 年 1 月 1 日以後に新築。または、1981 年以前に新築され、新耐震基準を満たすもの

※1：2026年3月31日まで軽減税率3%。軽減適用前の本則では4%。

れに条件が設けられています。家屋の場合は最大１３００万円までの控除を適用できます。新築の場合の適用条件は、延べ床面積が一定の範囲におさまることなど。中古住宅の場合は、さらに新耐震基準を満たすといった条件もあります。土地の場合は税額から直接差し引かれる控除があり、４万５０００円と、固定資産税評価額と床面積から算出された額のうち、高い方を適用。適用条件は、土地と建物の所有者が同じであることなど、建物が新築住宅か中古住宅かで条件に違いがあります。

# 登記や契約手続きにも課税 不動産の取得にかかる税金②

## 取得時にかかるその他の税

### 印紙税　400円〜60万円

印紙税法で定められた課税文書に対して課税される。契約書の記載金額に応じて税額が高くなる。規定の印紙を契約書に貼り、消印することで納税される。

### 登録免許税　固定資産税評価額 × 税率

登記の際に課税される。土地や中古住宅の取得は所有権を移転する登記、建物を新築する場合は所有権を保存する登記が必要で、それぞれ異なる税率がかかる。

※税率は2026年3月31日まで。

※住宅ローンの場合は借入額 × 税率

土地、中古物件を取得　**1.5%**

住宅ローンを借り入れて新築物件を取得　**0.4%**

### 消費税　取引価格 × 税率

土地は非課税。建物の場合は、売主が消費税の課税事業者である場合に課税。個人の売主から購入する場合はかからない。ただし、投資用不動産の売却は課税対象となるケースも。

不動産取得にかかる税金には、他に**印紙税、登録免許税、消費税**があります。印紙税は特定文書の作成にかかる税金で、不動産の取引では売買契約書や金銭消費貸借契約書などが対象となります。登録免許税は登記（財産の権利を登記簿に記録すること）を受ける際にかかる税金で、不動産では所有権の移転を行うか、保存を行うかで税率が変わり

## 不動産取得にかかる税金の計算例

例

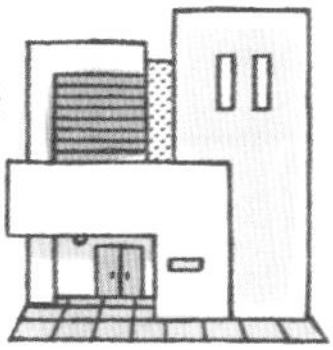

**新築戸建て（2024年2月竣工）**

- 固定資産税評価額（土地）：2,000万円
- 固定資産税評価額（建物）：2,000万円
- 課税床面積：150平方メートル
- 敷地面積：150平方メートル

### 不動産取得税（土地）

固定資産税評価額 2,000万円 × 1/2 × 税率 3% － 軽減額 約80万円 ＝ 0円

＋

### 不動産取得税（建物）

（固定資産税評価額 2,000万円 － 軽減額 1,200万円）× 税率 3% ＝ 24万円

＋

### その他印紙税等

印紙税 1万円 ＋ 登録免許税 8万円 ＋ 消費税 200万円 ＝ 209万円

＝ 税額 約233万円

ます。課税標準は固定資産税評価額です。住宅ローンを利用している場合には抵当権設定に課税され、融資金額が課税標準となります。消費税は建物にのみかかり、基本的に売主が課税事業者である場合に課税されます。

不動産取得税、印紙税、登録免許税にはそれぞれ期間限定の軽減措置があり、期間中に不動産を取得した場合に適用されます。なお、**不動産取得税は購入から納税まで半年から1年ほど間が空く**ため、納税費用を残しておくことが大切です。

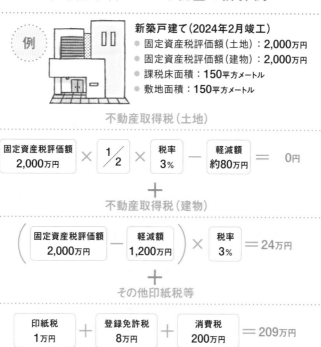

Types

不動産の税金

# 手放すべきか保有すべきか 不動産の売却と所有にかかる税金

不動産の売却には、譲渡所得に対して**所得税**がかかり、保有期間に応じて長期譲渡と短期譲渡に区分され、取り扱いが異なります。譲渡所得は、売却収入から取得にかかった費用と、売却のためにかかった費用を差し引きます。購入代金がわからない場合などは、譲渡の収入金額の5％相当額しか取得費とすることができません。

## 売却にかかる税金

### 譲渡所得

売却価格 − 取得費（※購入費、購入後のリフォーム費など） ＋ 減価償却費相当額 − 売却時の諸費用 − 特別控除

（特別控除：マイホームの場合は3,000万円の控除）

×

### 税率

- 資産の保有期間が5年以下の場合：39.63％
- 資産の保有期間が5年超の場合：20.315％

※不動産の譲渡所得と他の所得を合わせた課税所得に復興特別所得税2.1%が付加される。

**例**

- 取得費：3,000万円
- 売却価格：6,000万円
- 保有期間：10年
- 減価償却費：800万円
- 売却費用：100万円
- 木造中古物件

（6,000万円 − 3,000万円 ＋ 800万円 − 100万円 − 3,000万円）× 20.315％ ＝ 税額 約142万円

（3,000万円：マイホームの場合）

## 不動産所有にかかる税金の計算例

### 固定資産税

- 土地や家屋、償却資産の所有者に対して課せられる

固定資産税評価額

×

税率
~1.4%

### 都市計画税

- 「市街化区域内」に土地と家屋を所有している人のみが課税
- 軽減措置は土地のみ

固定資産税評価額

×

税率
~0.3%

**例**

- 土地の評価額：2,000万円
- 建物の評価額：2,000万円
- 新築一戸建て
- 敷地面積：200㎡
- 床面積：120㎡

(2,000万円 × 1/6 + 2,000万円 × 1/2)
× 1.4% = 固定資産税 約19万円

(2,000万円 × 1/3 + 2,000万円)
× 0.3% = 都市計画税 8万円

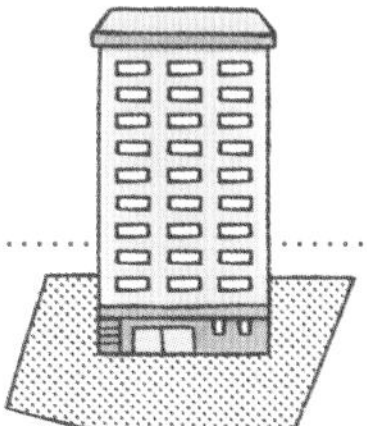

マンションであれば、敷地に対する持分割合で按分

不動産の保有には、**固定資産税と都市計画税**がかかります。いずれも固定資産税評価額に税率がかかり、毎年1月1日時点の所有者に納税の義務が発生します。住み替えなど、年の途中で所有者が変わった場合も納税義務者は変更されず、あくまで1月1日時点の所有者が全額を納めなければなりませんので、一般的には売主、買主間で負担額の按分を決める方法がとられます。固定資産税は1・4%、都市計画税は自治体ごとに税率が定められ、それぞれに軽減措置があります。

※按分…割合に応じて分けること

# 不動産所有に関わる軽減措置と利用したい所得税控除

不動産の所有に関わる税の軽減措置は、**住宅用地と新築住宅に適用**されます。住宅用地における軽減税率は、200㎡以下の土地を小規模住宅用地、200㎡超の部分を一般住宅用地として、異なる税率がかかります。例えば、300㎡の土地がある場合、200㎡までは小規模住宅用地の税率がかかり、残りの100㎡分は一般住宅用地の税率がかかると

## 不動産の所有に関わる軽減措置

### 住宅用地の軽減措置

住宅用地（住宅の敷地全体）の広さにより小規模住宅用地と一般住宅用地に分かれ、それぞれ異なる軽減税率が適用される。

**200㎡超の部分** →
- 固定資産税：**課税標準 × 1/3**
  建物の課税床面積の10倍が上限
- 都市計画税：**課税標準 × 2/3**

**小規模住宅用地（200㎡以下の部分）** →
- 固定資産税：**課税標準 × 1/6**
- 都市計画税：**課税標準 × 1/3**

### 新築住宅の軽減措置

120㎡（課税床面積）までの部分について、3年度分または5年度分にわたって固定資産税が1/2相当額に減額（2026年3月31日までに新築された場合の特例）。

- **3階建以上の耐火構造・準耐火構造住宅の場合**
  → **新築後5年間　適用**
- **一般の住宅（上記以外）の場合**
  → **新築後3年間　適用**

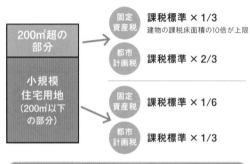

# 不動産取引を利用した所得税の控除

## 住宅ローンで所得税を減額

適用を受けるための条件には「新築か中古か」「増改築かリフォームか」「返済期間が10年以上であるか」といった様々な条件があり、初めての適用には申請書への記入、確定申告が必要。

### 住宅ローン減税の条件（一部）

- **取得または増改築してから６カ月以内に居住すること**
- **住宅の床面積が 50 平方メートル以上であること**

## 譲渡した場合の控除

一定の条件を満たしたマイホームの売却には、譲渡所得から3,000万円を限度として特別控除が適用できる。譲渡先が配偶者、生計を一にする親族など特別な関係にある場合は適用できない。

### 3,000 万円控除の条件（一部）

- **現在、自分が住んでいる家屋と敷地**
- **住まなくなってから３年以内に売却**
- **売手と買手が、親子や夫婦など特別な関係でないこと。**

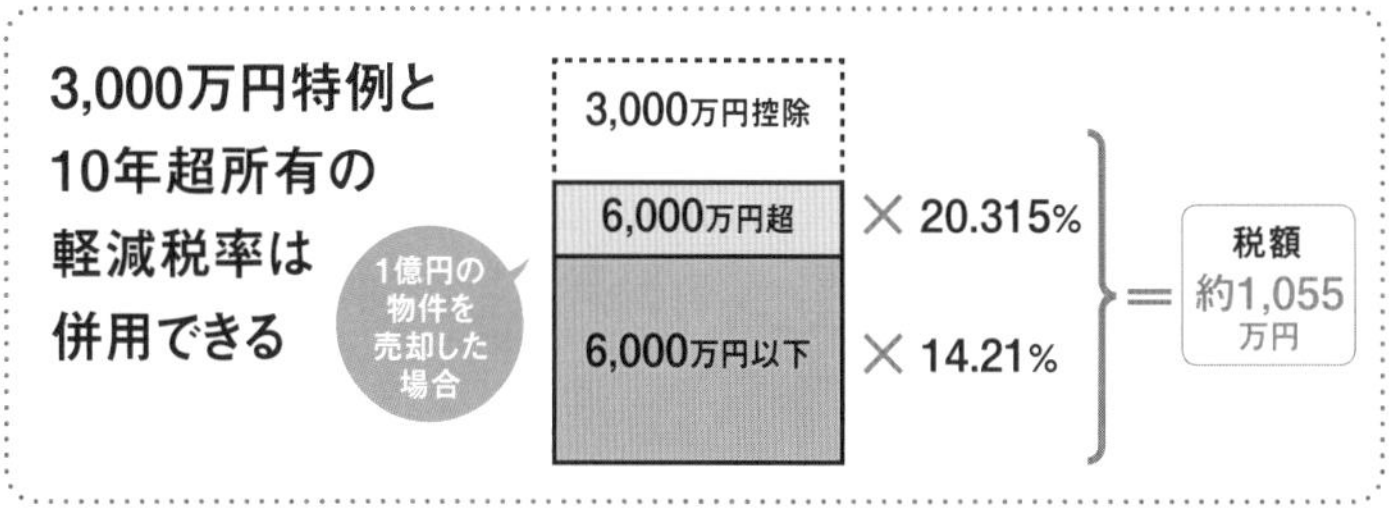


いうことです。税率は固定資産税と都市計画税で異なる税率がかかります。新築住宅向けには、固定資産税のみ軽減措置が適用されます。

不動産に関わる税金には大きな所得控除も。住宅ローンを利用している場合は所得税から**ローン残高の一定率（上限、所得制限あり）を税額控除**できます。また、居住用の土地を売却して得る譲渡所得には**最大3000万円の所得控除**を受けられる特例があります。いずれも適用条件がありますが、**併用が可能**なため、大きな節税効果が得られます。

# 所得区分が商品ごとに異なる投資商品等にかかる税金

売却益は譲渡所得、分配金は配当所得。投資信託と上場株式の譲渡損失と損益通算が可能。

賃貸料収入は不動産所得、売却益は譲渡所得。不動産所得は他の所得と損益通算が可能、譲渡所得は不可。

所得区分が投資対象ごとに異なる。様々な投資を行う場合、損益通算の条件に注意が必要。先物・FXは他の雑所得と損益通算できず、暗号資産は他の雑所得と損益通算できるといった違いがある。

株式や不動産、近年では暗号資産投資など投資商品の選択肢は様々。その分、税率や所得の区分も商品ごとに異なります。課税方式は大きく**分離課税と総合課税**に分かれます（→P76）。分離課税に属するもののうち、多くは確定申告を必要とする申告分離課税です。申告分離課税に属する金融商品は、利益の大きさに関わらず一定の税率（上図）がかかりま

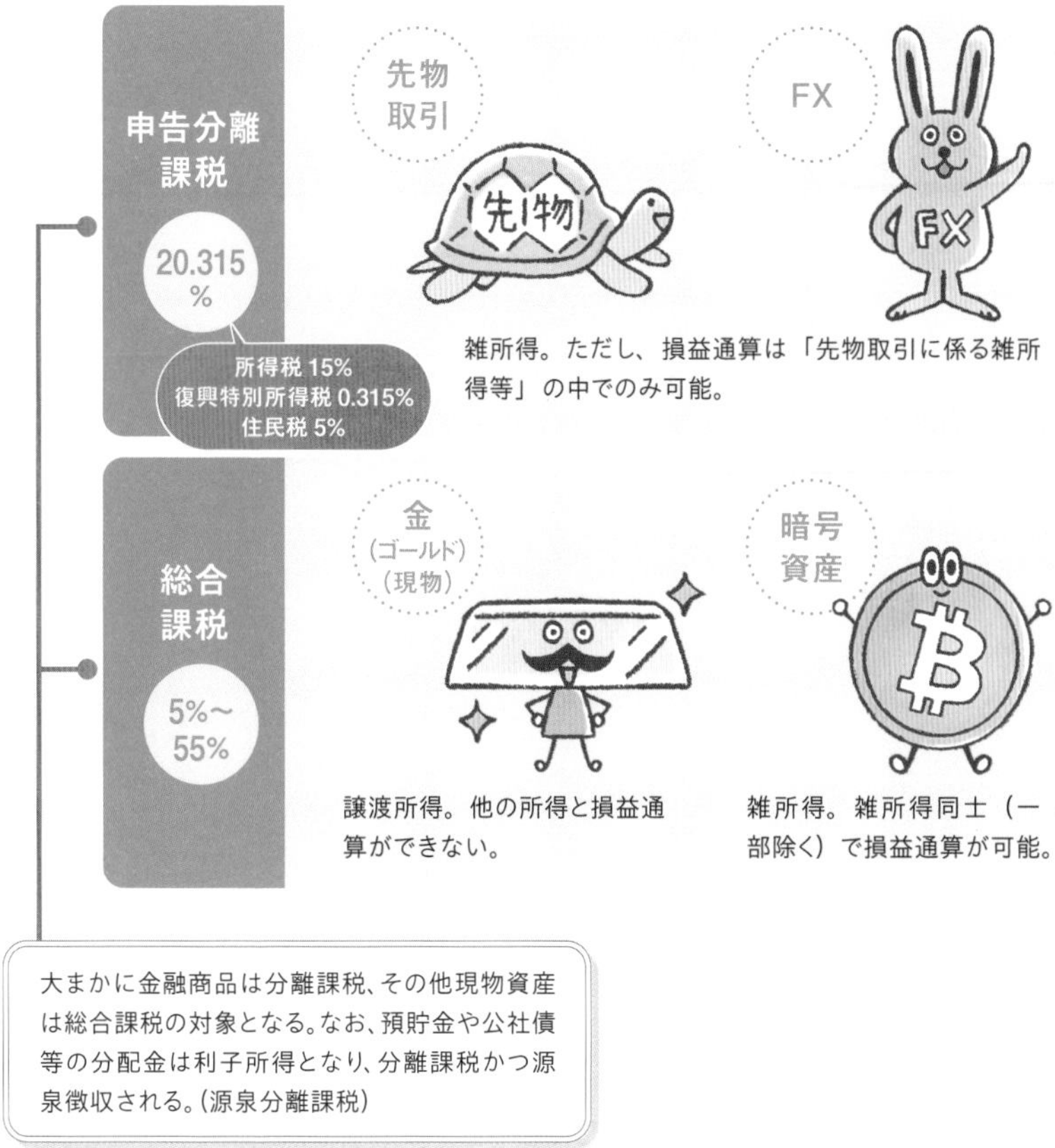

申告分離課税
20.315%
所得税 15%
復興特別所得税 0.315%
住民税 5%
先物取引
先物
FX
FX
雑所得。ただし、損益通算は「先物取引に係る雑所得等」の中でのみ可能。
総合課税
5%〜55%
金（ゴールド）（現物）
譲渡所得。他の所得と損益通算ができない。
暗号資産
雑所得。雑所得同士（一部除く）で損益通算が可能。
大まかに金融商品は分離課税、その他現物資産は総合課税の対象となる。なお、預貯金や公社債等の分配金は利子所得となり、分離課税かつ源泉徴収される。（源泉分離課税）

す。一方、総合課税に属する投資の利益は他の所得と合算され、累進税率が適用されます。

投資にはリスクがあり、損失が出る場合もあります。その際に検討したいのが**損益通算**です（→P77）。ただし、分離課税の商品は他の所得と分離して計算するため、他の所得区分と損益通算はできません。通常は損益通算できるはずの譲渡所得である金（ゴールド）も、「生活に通常必要でない資産」であるため、損益通算が認められません。このように、**損益通算の条件は商品ごとに制限がある**ため、注意が必要です。

# 確定申告不要の特定口座が便利！株式投資と税金

株式投資は証券会社などを通じて企業の株式を購入して利益を得る投資です。得られる利益には、購入時より高値で売却することで得られる**譲渡益（譲渡所得）**と、株式を保有することで得られる**配当金（配当所得）**の2種類があります。譲渡所得によって損失が出た場合には、配当所得との損益通算のみが可能です。

## 株式投資で得られる所得は2種類

### 売却益にかかる税金

売買は証券会社を通じて別の投資家との間で行う。売却価格から購入価格を差し引いた利益に対して、証券会社への手数料など必要経費を差し引いた金額が譲渡所得（課税対象）。

売却価格 － 購入価格 － 経費 ＝ 譲渡所得

＋ 損益通算して課税される

### 配当にかかる税金

株式を保有する企業の利益から、配当金として支払われる。1株あたりの配当金に、保有している株数を乗じた金額が配当所得（課税対象）。

1株あたり配当 × 株数 ＝ 配当所得

# 株式投資は税制面で優遇されている

## 特定口座・一般口座の選び方と注意点

確定申告の手間を省くには「源泉徴収ありの特定口座」を選ぶ。特定口座では損益通算の計算までを証券会社が行ってくれる。また、源泉徴収あり・なしを選べ、源泉徴収なしを選んだ場合は確定申告が必要になる。

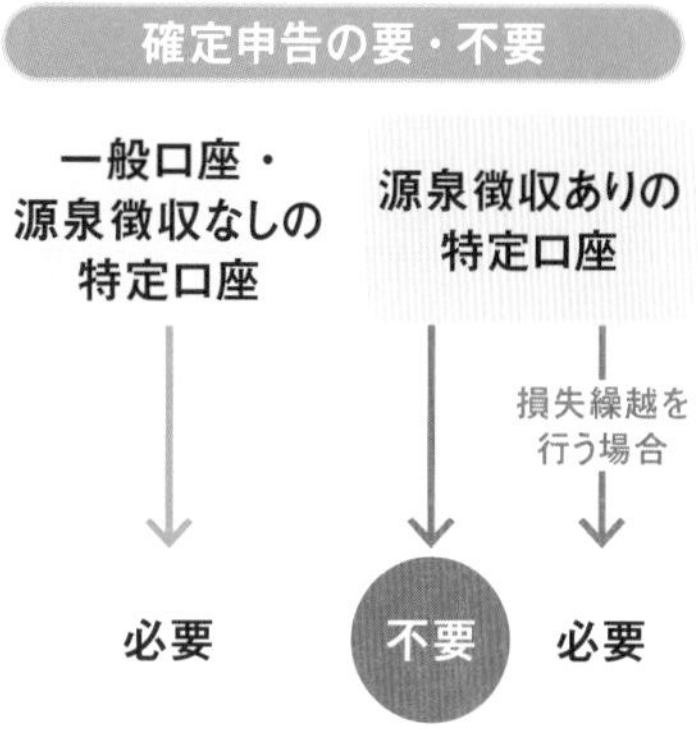


## 大損しても安心？ 損失繰越控除の利用

株式における繰越控除は、譲渡損失を翌年以降の3年間の上場株式の譲渡所得と相殺することができる。損失が出てから3年間は、損失額がゼロになるまで翌年以降の利益を相殺でき、残った利益のみ税金がかかる。

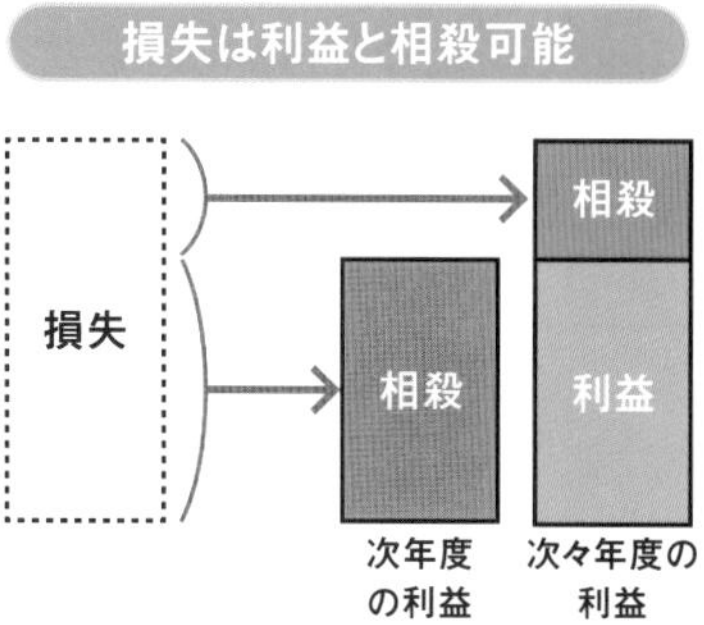


株式投資を始める際は証券会社で取引口座を開設します。その際に一般口座か特定口座を選ぶ必要がありますが、納税手続きを少なくするなら**特定口座**がおすすめです。一般口座を選択した場合、利益の計算から確定申告まで自身で行う必要がありますが、源泉徴収ありの特定口座では証券会社が配当所得との損益通算まで含めて損益の計算を行い、確定申告も不要となります。ただし、**譲渡損失の繰越控除を行う場合には、特定口座を利用している場合でも確定申告が必要**です。

Types

投資の税金

# 投資の儲けが非課税に！節税メリット大のNISA活用

NISAは**株式投資の利益が非課税**になる制度です。年間上限360万円まで投資できる非課税の年間投資枠を利用でき、最大で1800万円まで投資できます。通常の株式投資では約20%の課税が発生することと比べると、節税効果により投資効果が高くなります。また非課税のため確定申告が不要である点もメリットです。口座開設は18歳以上

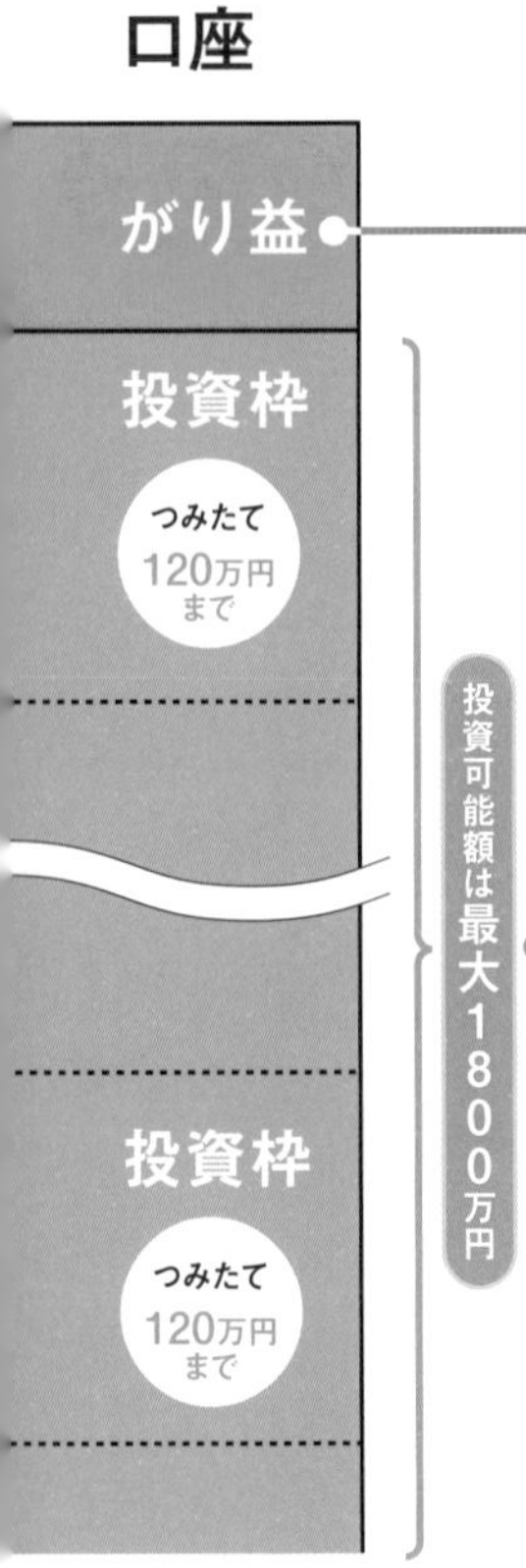


**利益は非課税**

NISA投資枠の利益は、いつ売却しても非課税

**枠の再利用が可能**

つみたて投資枠は年間120万円まで、成長投資枠は年間240万円まで、総計1,800万円（成長投資枠は最大1,200万円）まで投資できる。枠を使い切っても売却すれば再び空いた枠の利用が可能。

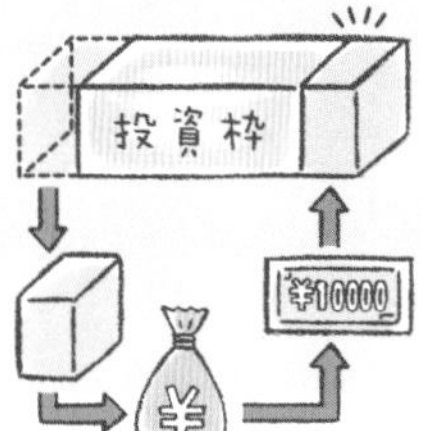

### 成長投資枠

個別株や新たに上場するIPO株（新規公開株）、米国株、投資信託など幅広い商品を選べる。積立形式で利用することも、一括で枠を利用することも可能。

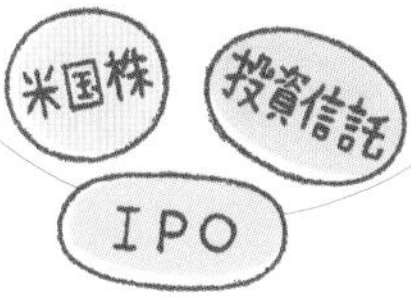


＋ 併用可

成長投資枠とつみたて投資枠は併用可能

### つみたて投資枠

長期・積立・分散投資に適しており、「信託報酬が一定水準以下」など一定の基準を満たす投資信託が対象。

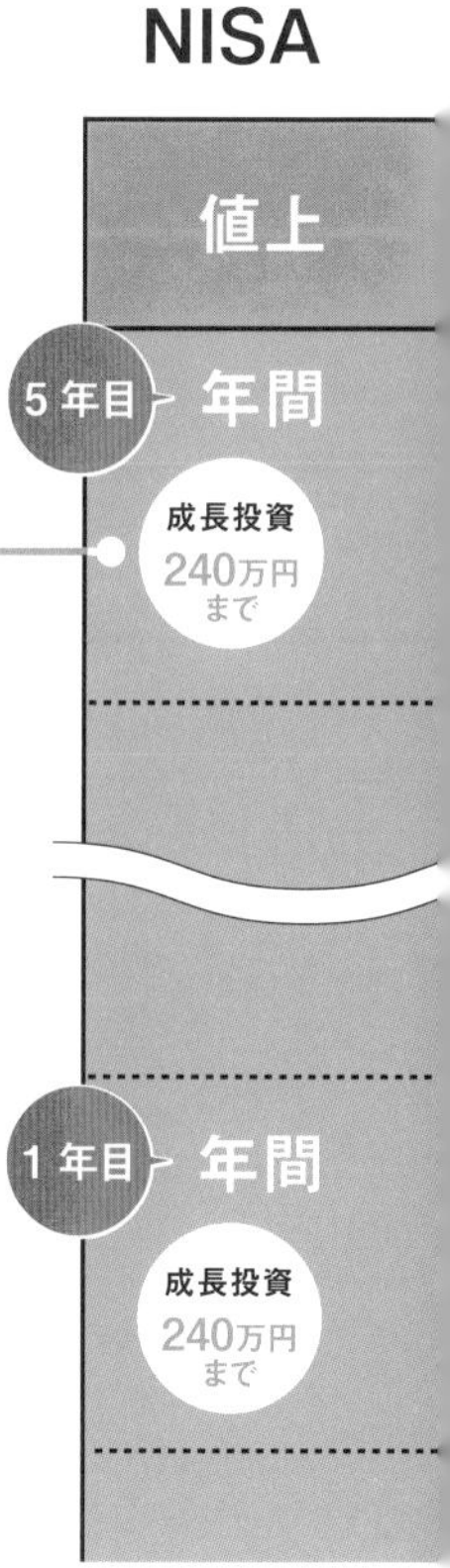


から、投資枠から得た利益はいつ売却しても非課税です。

年間投資枠には**「つみたて投資枠」と「成長投資枠」**の2種類があり、組み合わせて投資できます。つみたて投資枠と成長投資枠の違いは対象商品と、買付方法にあります。つみたて投資枠の対象商品は投資信託で、決まった額を定期的に買い付けます。成長投資枠は、投資信託以外に国内外企業や新規上場企業の個別株など、幅広い商品を好きなタイミングで投資できます。併用はもちろん、どちらか片方のみの利用もできます。

もっと詳しく

投資の税金

# 投資枠の再利用・使い分けも魅力
# NISAのメリット・注意点

## 投資枠による違い

| 成長投資枠 | | つみたて投資枠 |
|---|---|---|
|  | |  |
| ● 個別株 ● IPO<br>● ETF（上場投資信託）<br>● eMAXIS Slim 米国株式 など | | ● eMAXIS Slim 全世界株式<br>● 世界経済インデックスファンド など |
| 上場株式、投資信託、IPOなど | **投資対象** | 長期の積立分散投資に適した投資信託 |
| 好きなタイミングで上限額内を自由に買付 | **買付方法** | 定期的に一定額を自動買付 |
| 240万円 | **年間投資枠** | 120万円 |
| 不可 | **損益通算繰越控除** | 不可 |

つみたて投資枠と成長投資枠は投資方針によって使い分けるとよいでしょう。**つみたて投資**の対象商品である投資信託は、専門家が投資家から集めた資金を運用して様々な銘柄に投資して、その成果を投資家に分配するもの。積み立てとは、一定額の買付を長期かつ定期的に行うこと。つまり、買うタイミングや投資先を分散して、**安定した収益**を望む

## NISAの投資枠は何度も再利用できる

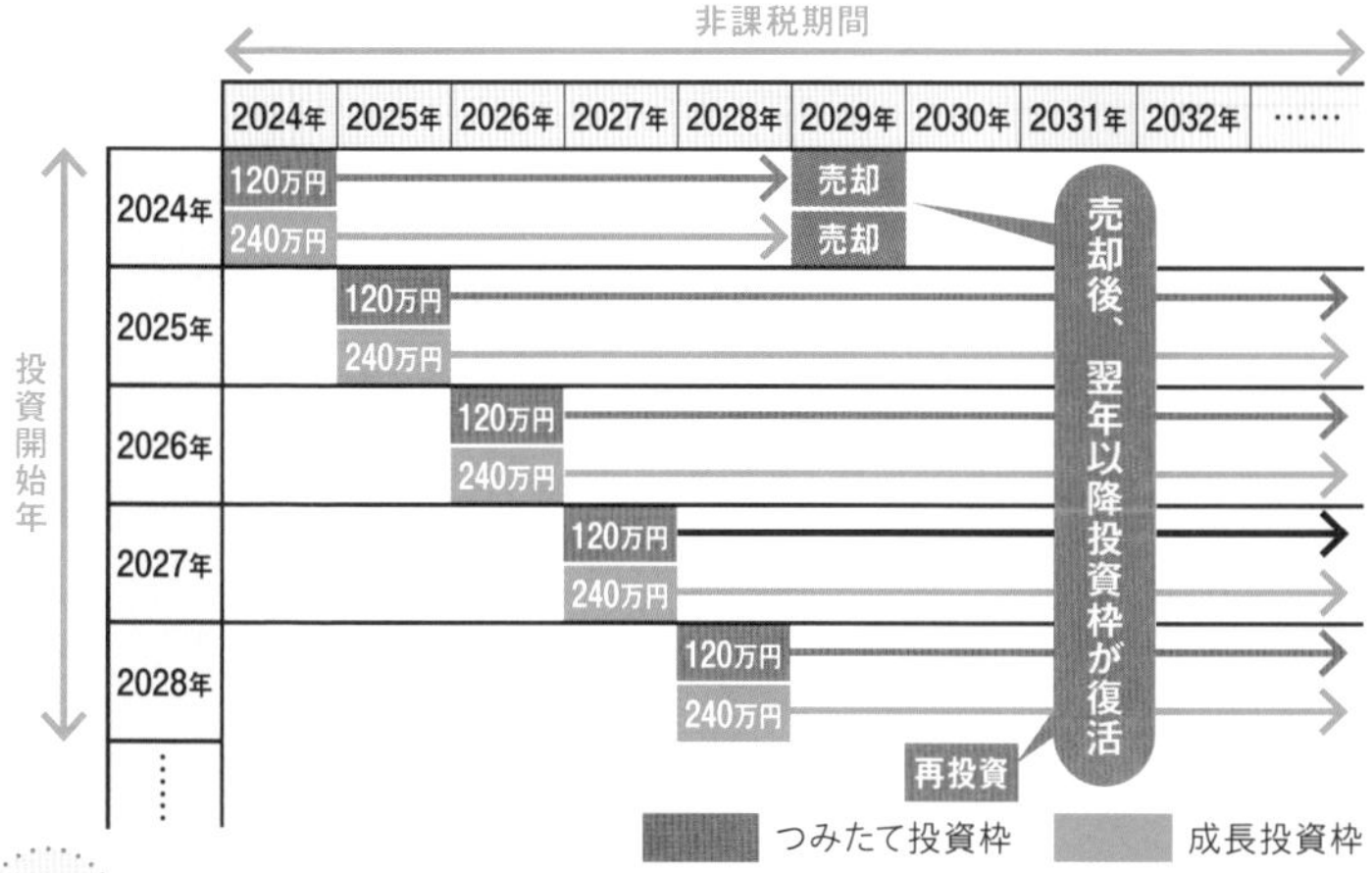


**例**　● 運用利回り：4%　● 年間積立額：60万円（月間5万円）　● 運用期間：30年間

場合に向いている枠です。一方の**成長投資枠**は、より大きな金額を一括で購入できるため、その分、利益が大きくなる可能性があります。枠の再利用もできるため、**積極的に売買を行いたい場合**にも使い勝手がよいといえます。

なお、**NISAでは損益通算や繰越控除を利用できません**。投資には値下がりのリスクもあります。証券会社への手数料など、コストも発生します。非課税のメリットは大きいですが、**必ずしも利益を得られるものではない**という点は、投資一般にいえる注意点です。

# 金投資から暗号資産まで さまざまな投資商品の税金

その他投資商品について、税金のワンポイントを紹介します。先物取引は将来「この値段で買う（または売る）」と約束する取引。類似の商品に、先物取引の約束（権利）そのものを売り買いするオプション取引という商品もあります。**先物取引はオプション取引、FXの損益と通算できる雑所得**となります。FXは外国為替レートの変動により売買益

## 先物取引

将来の特定の日にあらかじめ決められた価格で、商品や金融資産を売買する契約。契約時点との価格差で利益を得る。

**例 日経平均先物**

One Point

- **国内のオプション取引、FX 取引等と損益通算が可能**

## FX（外国為替証拠金取引）

2つの通貨（通貨ペア）を選び、為替レートの変動を狙って一方を買い一方を売り差額の利益を得る。また、「スワップポイント」という外貨ごとの金利差による利益を受け取ることができる。

**例 米ドルと円**

One Point

- **為替差益 ＋ スワップポイント － FX 取引で生じた必要経費が FX の所得**

## 不動産投資

賃貸収入、売却益が利益に。不動産所得は賃貸収入から修繕費、減価償却費など様々な経費を引く。不動産取得税、登録免許税、固定資産税といった税金も経費に計上される。

**One Point**
- **不動産取得税、登録免許税、固定資産税、印紙税といった税金が経費になる**

## 暗号資産（仮想通貨）投資

特殊な技術によって銀行等の第三者を介さず財産的価値をやり取りできる電子データ。取引所での売買や交換などで利益を得る。

**例** **ビットコイン**

**One Point**
- **暗号資産同士を交換して利益が発生した場合にも課税対象となる**

## 金（ゴールド）（現物）

貨幣価値が下がるインフレーション時に、相対的に価値が高くなる。売却時は譲渡所得となり、所有期間によって短期譲渡所得と長期譲渡所得に分かれ、税負担が異なる。

**One Point**
- **所有期間5年以内は短期、5年超は長期譲渡所得。長期の課税所得は短期の1/2相当。**

を得る投資です。また、金利差から得られるスワップポイントという収益も得られ、為替差益とスワップポイントを合わせて雑所得となります。**暗号資産投資**は暗号資産（仮想通貨）の売買や交換などによって利益を得る投資で、**全て雑所得扱い**。近年登場した資産のため、制度整備が進行中です。**金（ゴールド）**は安全資産として歴史が長い資産。**所有期間5年**を境に、控除額が大きく変わります。**不動産投資**における賃貸収入では、不動産の取得に関わる**税金を経費に計上**できる点をおさえましょう。

特別資料2

# 投資商品の損益通算

| 損失 | | | | | | |
|---|---|---|---|---|---|---|
| | 株式投資信託（公募） | FX（店頭・取引所） | 株価指数先物 株価指数オプション | 商品先物 | 金（ゴールド） | 暗号資産 |
| | × | × | × | × | × | ○ |
| | ○ | × | × | × | × | × |
| | ○ | × | × | × | × | × |
| | ○ | × | × | × | × | × |
| | ○ | × | × | × | × | × |
| | ○ | × | × | × | × | × |
| | × | ○ | ○ | ○ | × | × |
| | × | ○ | ○ | ○ | × | × |
| | × | ○ | ○ | ○ | × | × |
| | × | × | × | × | ○ | × |
| | × | × | × | × | × | ○ |

## 損失繰越について

投資商品の中には損失繰越（→P113）を利用できるものと、利用できないものがある。上場株式、投資信託、先物、FXはいずれも翌年以降の3年間、損失を利益から相殺できる。

| 損失繰越できる | 損失繰越できない |
|---|---|
| 上場株式・投資信託<br>先物・FX<br>債券<br>公社債投資信託 | 外貨預金<br>金（ゴールド）<br>暗号資産 |

### ▼ 損益通算の対照表

| 区分 | | 外貨預金（為替差損） | 債券（償還差損） | 公社債投資信託 | 上場株式（国内・海外） |
|---|---|---|---|---|---|
| 利益 | 外貨預金（為替差益） | ○ | × | × | × |
| 利益 | 債券（償還益） | × | ○ | ○ | ○ |
| 利益 | 公社債投資信託 | × | ○ | ○ | ○ |
| 利益 | 配当（上場株式・投信） | × | ○ | ○ | 例 ○ |
| 利益 | 上場株式（国内・海外） | × | ○ | ○ | ○ |
| 利益 | 株式投資信託（公募） | × | ○ | ○ | ○ |
| 利益 | FX（店頭・取引所） | × | × | × | × |
| 利益 | 株価指数先物<br>株価指数オプション | × | × | × | × |
| 利益 | 商品先物 | × | × | × | × |
| 利益 | 金（ゴールド） | × | × | × | × |
| 利益 | 暗号資産 | ○ | × | × | × |

例 上場株式の損失、配当の利益がある場合

↓

損益通算OK

Types

老後の税金

# 第二の人生を豊かにする 老後の資産と税金

**退職金は控除の面で優遇されているが…**

退職金は老後資産であることを踏まえて、大きい控除額と分離課税により税負担が軽くなるよう配慮されている。ただし、この優遇課税については見直し案が出ており、実質増税の可能性も浮上している。

人生100年時代がうたわれる長寿社会、老後の生活を安心して送るためには資産や退職後の収入にかかる税金を把握することが大切です。

第二の人生をスタートさせるにあたって重要な収入は退職金と年金です。退職金は**退職所得という所得区分**で、税率は給与所得と同じ累進課税であり、分離課税であるため給与所得と合算せず**勤続**

### 年金は雑所得、課税が発生

年金の受給額が一定金額以上の場合は所得税等が源泉徴収されるため、確定申告が必要（障害年金や遺族年金は非課税）。ただし、以下の条件では確定申告が不要になる制度がある。

**条件1** 公的年金等の収入金額の合計額が400万円以下であり、かつ、その公的年金等の全部が源泉徴収の対象となる

**条件2** 公的年金等にかかわる雑所得以外の所得金額が20万円以下である

**年数によって変動する控除**があり、さらに2分の1を乗ずるため税負担が大幅に軽減されます。年金は**公的年金**と、**私的年金**の2種類があります。これらは**雑所得**となり、**一定以上の支給金額を得ると課税が発生**します。

　退職金と私的年金は、**一定額を毎年受け取る方法と、一括で受け取る方法**があり、一括で受け取った場合は退職所得または一時所得として税金のかかり方も変わります。年金給付か、一括給付か。ライフプランに合わせた検討が必要です。

# 受け取り方で控除が変わる退職金と年金の仕組み

退職金を一時金として受け取る場合には、**退職所得控除**を受けられます。勤続年数に応じて控除金額が増え、さらに控除を差し引いた金額の半分のみが課税所得となります。

退職金を一時金としてではなく、年金として受け取る場合には雑所得となり、退職所得控除を受けられないため、一時金として受け取るより税負担が大きくなる可能性があります。

## 退職金にかかる税金

退職所得控除額

退職金額（控除後） × 1/2 ＝ 課税退職所得金額

課税退職所得金額 × 所得税の税率 ＝ 税額

《 勤続 20 年を超えると優遇される 》

| 勤続年数 | 退職所得控除額 |
|---|---|
| 20年以下 | 40万円 × 勤続年数 |
| 20年超 | 800万円 ＋ 70万円 ×（勤続年数 － 20年） |

例

● 退職金：1,800万円 ● 勤続年数：30年

課税所得 1,800万円 －{800万円 ＋ 70万円 ×（30年 － 20年）} × 1/2 × 所得税率 5%

＝ 7万5,000円

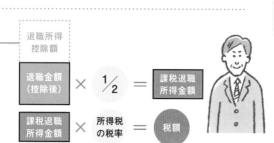

## 年金の種類

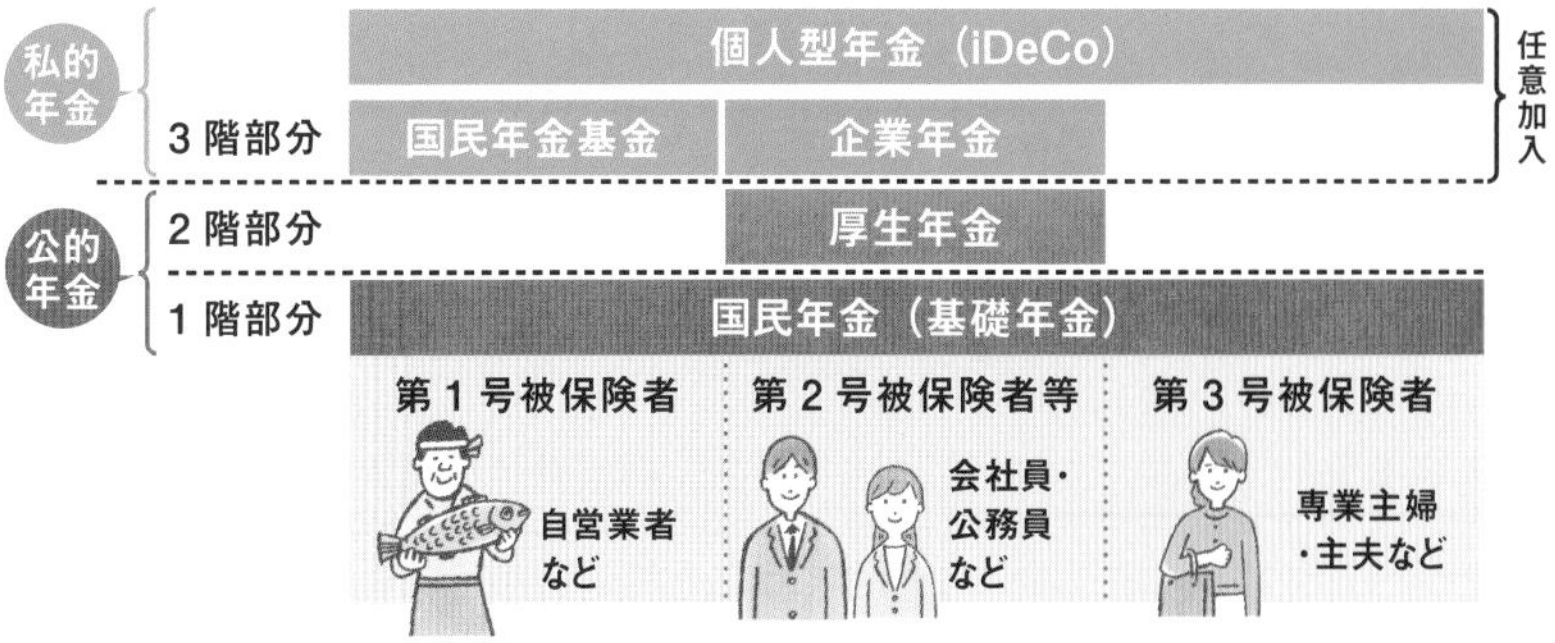


### 年金受給のモデル

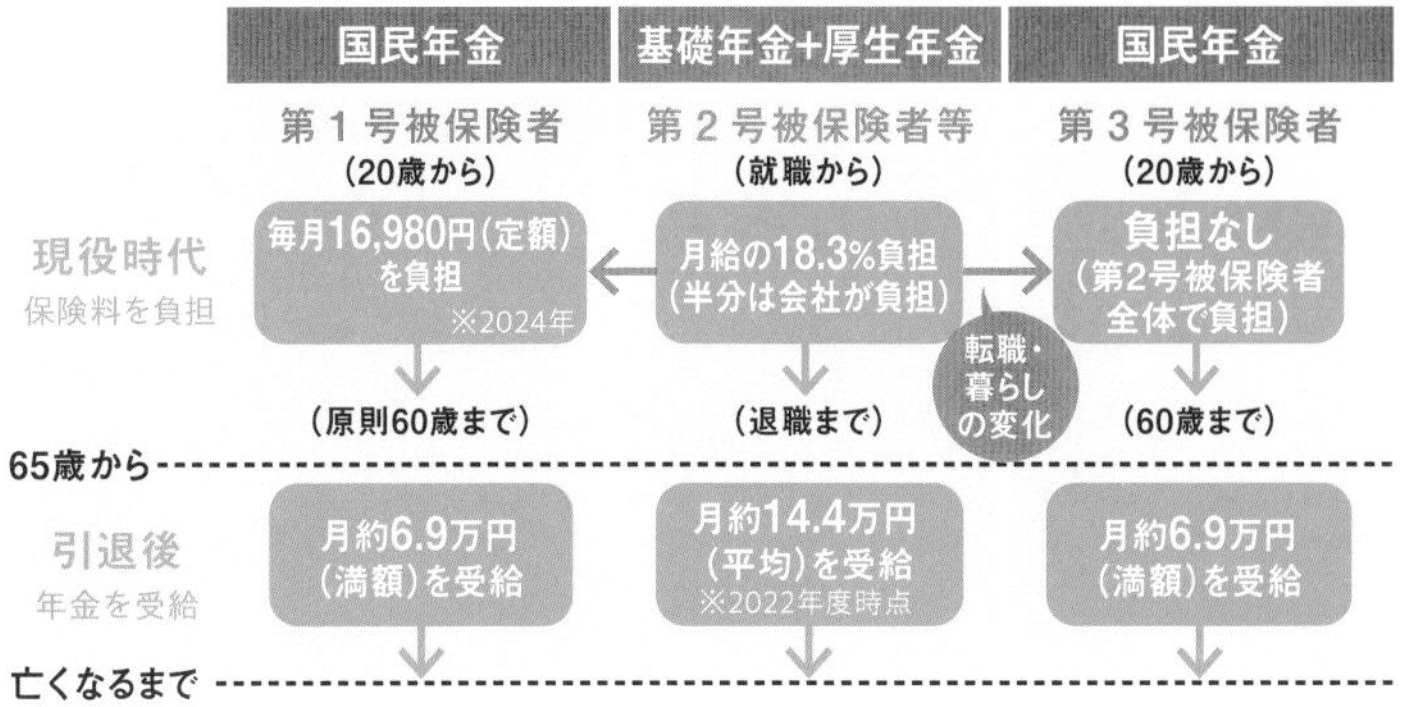


年金は義務加入である**国民年金をベースに、企業年金やその他の個人年金を上乗せ**して、将来受け取れる年金額を増やすことができます。会社員は、保険料を会社と折半して、厚生年金を上乗せ。さらに、私的年金に加入して積み増しもできます。自営業者には厚生年金がなく、上乗せする場合は私的年金のみになります。**公的年金と一部の私的年金は、税務上の公的年金等控除が適用**されます。控除額は、受給者の年齢や、公的年金等以外から得ている所得との合計金額によって異なります。

Types

老後の税金

# 3つの節税ポイントあり
# 自分で運用する年金・iDeCo

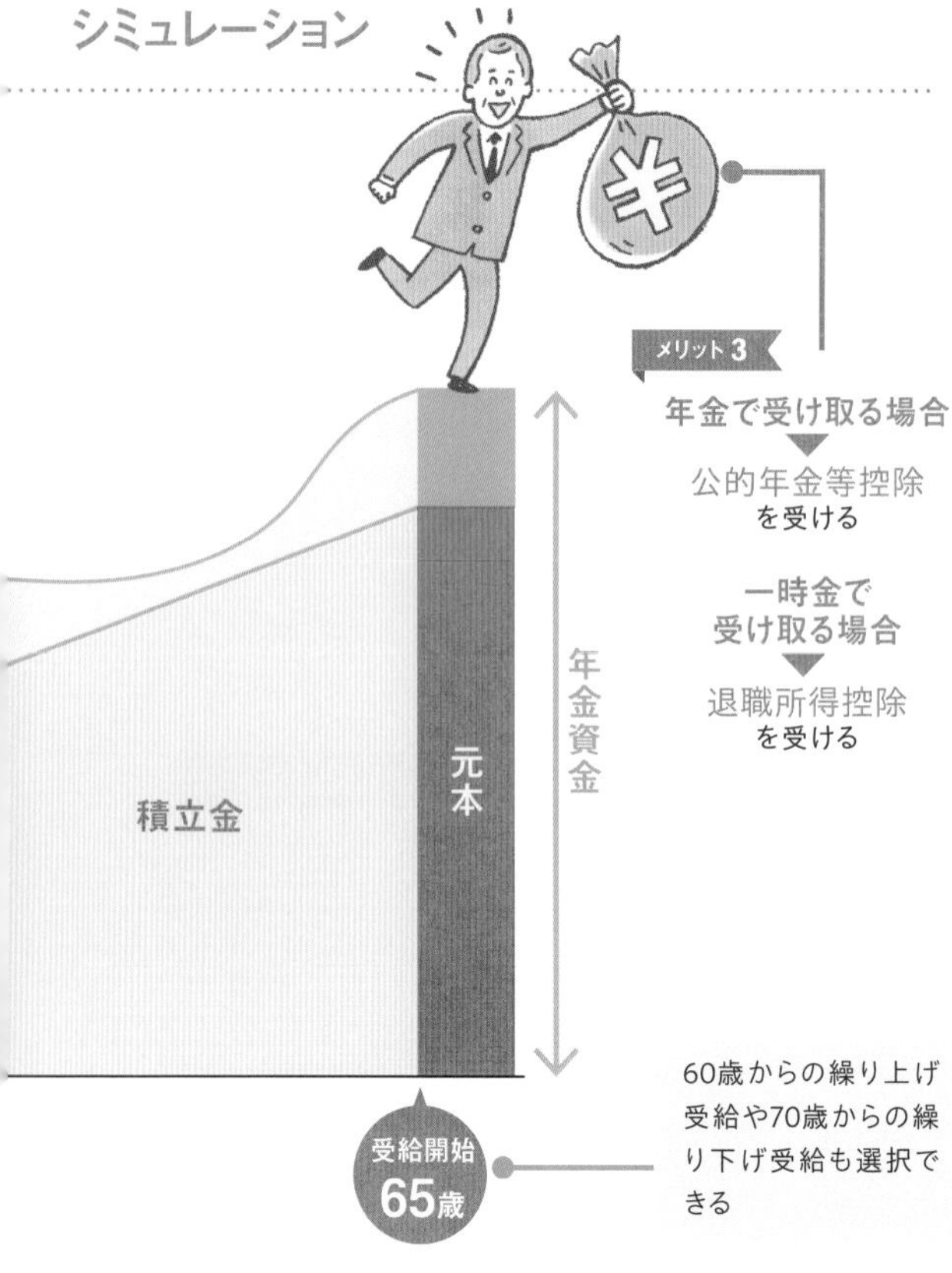


iDeCo（**個人型確定拠出年金**）は、自身で運用方法・掛金を選んで年金を運用できる制度です。

メリットは主に3つあります。1つ目は**積み立て中に掛金の所得控除**を受けられること。掛金の控除限度額は加入区分（被保険者の区分）により異なりますが、年間10万円〜80万円程度の所得控除を受けられます。2つ目は、運用益が出

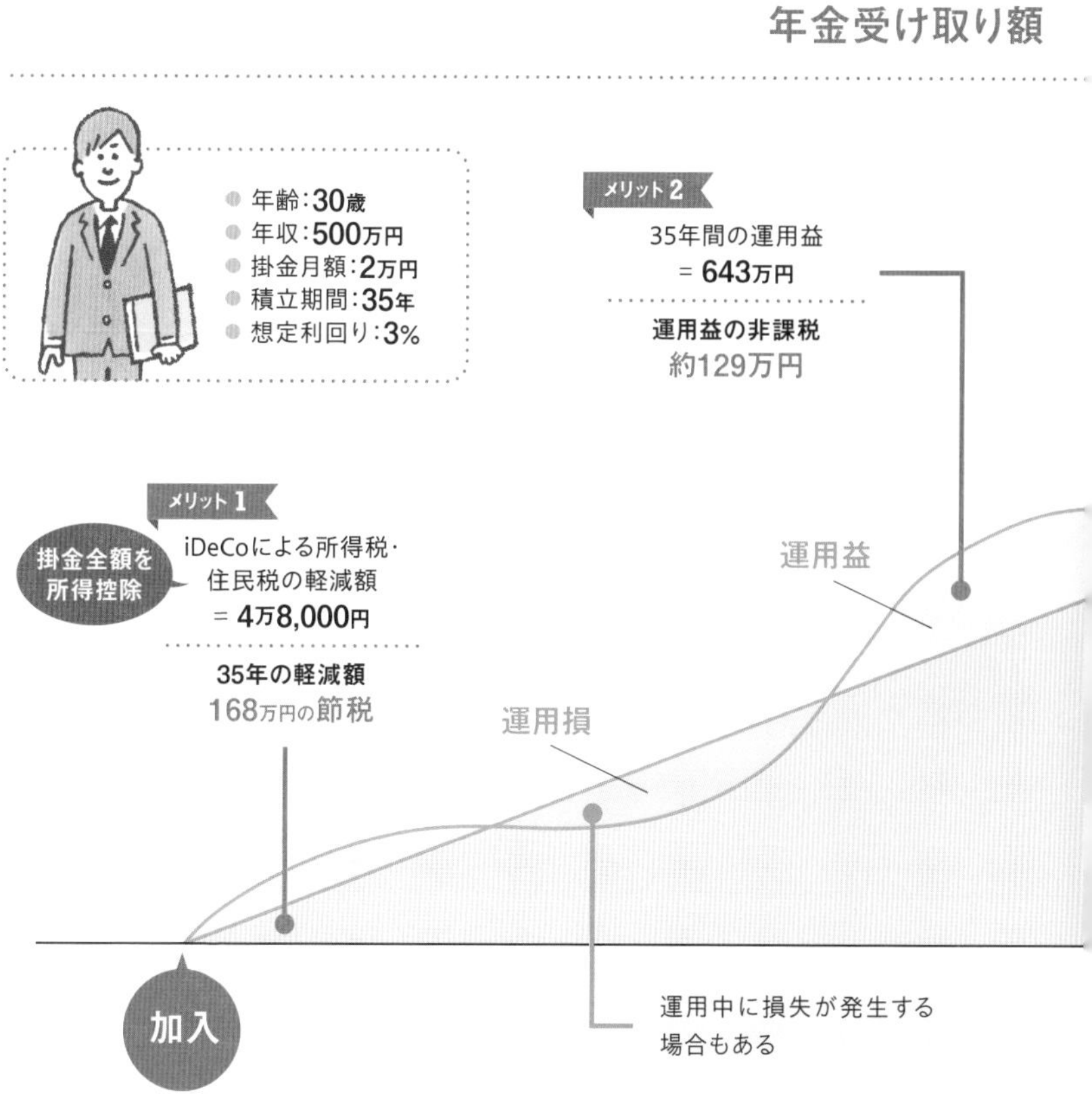


た場合に**非課税で再投資**できること。運用中に出た利益は自動的に元本に足されますが、通常であれば約20％の課税が発生する利益を、非課税で積み増せるのです。3つ目のメリットには、**受け取り時に退職所得控除または公的年金等控除**を受けられることが挙げられます。

同じく確定拠出年金である企業型DCは、会社が福利厚生として提供するもの。所得控除できる点は同じですが、選べる運用商品などに違いがあります。なお、企業型DCとiDeCoは併用も可能です。

# 受け取りタイミングで差が出る？ 退職金と年金の一時金受け取り

iDeCoを利用すれば少額の積立から自分の裁量で年金を運用できます。受け取る際は、年金として受け取る方法と一時金として一括で受け取る方法を選べます。**一時金で受け取る場合は退職所得控除が利用でき、加入年数に基づいて控除額が計算**されます。このとき、退職金との兼ね合いで税額に差が出る可能性も。

退職金とiDeCoを同じタ

## iDeCoの特徴

### 20歳から65歳が対象

受け取りを開始できる年齢は原則60歳から。ただし、加入期間により異なる。加入者死亡などやむを得ない場合を除き、途中解約できないため、あくまで老後資金として分けて考える必要がある。

### 運用先を自分で選ぶ

運用商品は大きく分けて投資信託と元本確保商品の2つ。投資先によっては損失が発生するリスクや、低い利率により運用益が出ずiDeCoの節税メリットを活かせない可能性がある。

### 掛け金は月2万円程度～

掛金は自己負担で、会社員は最大2万円程度、個人事業主は6万8,000円まで拠出できる。国民年金や他の年金との受取額の合計額から、老後の収入、資産に不足がないよう掛金を選ぶ。

# 一時金では「iDeCoの後に退職金」がお得

## 一時金で受け取る場合の税額比較

退職金とiDeCo（または企業型DC）をともに一時金として受け取る場合、退職所得控除はより長い勤続（加入）年数に基づいて計算される。退職金を受け取る場合、「前年から4年以内に一時金で受け取った退職金」が合算の対象になるため、iDeCo等の受け取りから5年以上空けることで控除のメリットを最大限受けられる。

例
- 退職金：**2,000万円**
- 勤続年数：**30年**
- iDeCo受取額：**1,000万円**
- 加入年数：**15年**

| iDeCo→退職金の順 | 退職金→iDeCoの順 | iDeCoと退職金を同時に受け取り |
| --- | --- | --- |
| (iDeCo − 退職所得控除)×1/2×税率+(退職金 − 退職所得控除)×1/2×税率 | (退職金 − 退職所得控除)×1/2×税率+(iDeCo − 重複を除く退職所得控除)×1/2×税率 | (退職金 + iDeCo − 退職所得控除)×1/2×税率 |

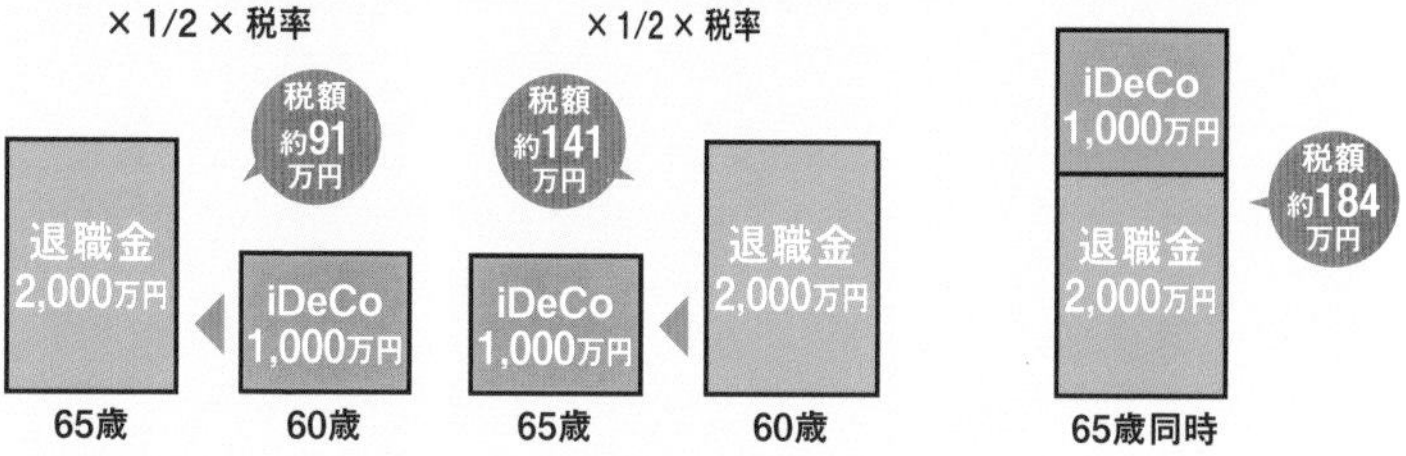


※税額は所得税、住民税の合計。住民税は10%と仮定

イミングで一時金として受け取ると、合計額が控除を上回り、税額が大きくなる可能性があります。退職金のあとにiDeCoを受け取る場合も、「前年から19年以内に一時金で受け取った退職金」がある場合は、重複期間の退職所得控除はできません。**iDeCoの後に退職金を受け取る場合は退職金まで5年以上の期間を空けることで、退職所得控除の制限は消滅し、控除をそれぞれに適用できます**。退職金とiDeCoをともに一時金として受け取る場合、退職金受け取りのタイミングを検討しましょう。

特別資料3

# 持ち家売却の課税チャート

マイホームを売却する際、所有期間や譲渡益の金額などによって、適用できる軽減措置が異なります。以下のチャートで適用の目安を把握しましょう。

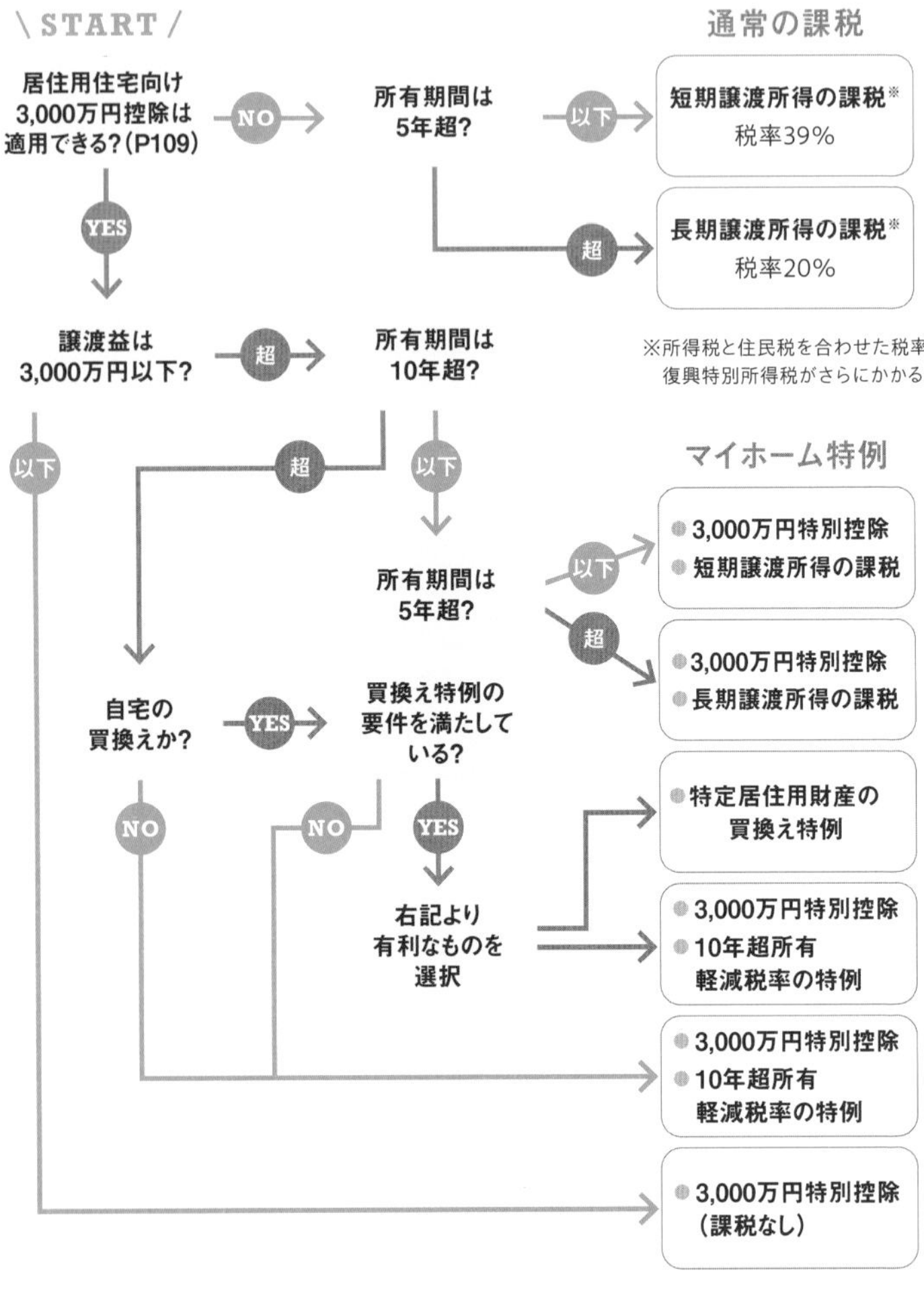

※所得税と住民税を合わせた税率。復興特別所得税がさらにかかる。

Chapter 4

円満に手続きを行うために

# 相続・贈与にかかる税金

誰に、何をどのように相続するか。相続税は、相続の準備を行う人にも相続を受ける人にも大切な知識です。複雑とされる相続税について、贈与税との比較も含めて見ていきましょう。

TAX

# 財産はタダでは渡せない
# 相続税・贈与税の仕組み

相続・贈与はいわば「タダで財産を手に入れること」。当然、税金がかかります。トラブルを避けるためにも、その仕組みを把握しましょう。

**これだけおさえる!**

- 相続の検討、相続税対策は早めの準備が大切
- 財産、相続人の把握はトラブル回避の第一歩
- 生前贈与は相続とは別の制限が設けられている

株式
¥
お父さんの世話は私が…
しばらく会ってないけど兄弟だし…
借金もあったみたいだけど…
財産を受け継ぐ人
相続人

# 「誰」が「何」を相続するのか
## 相続税の基本

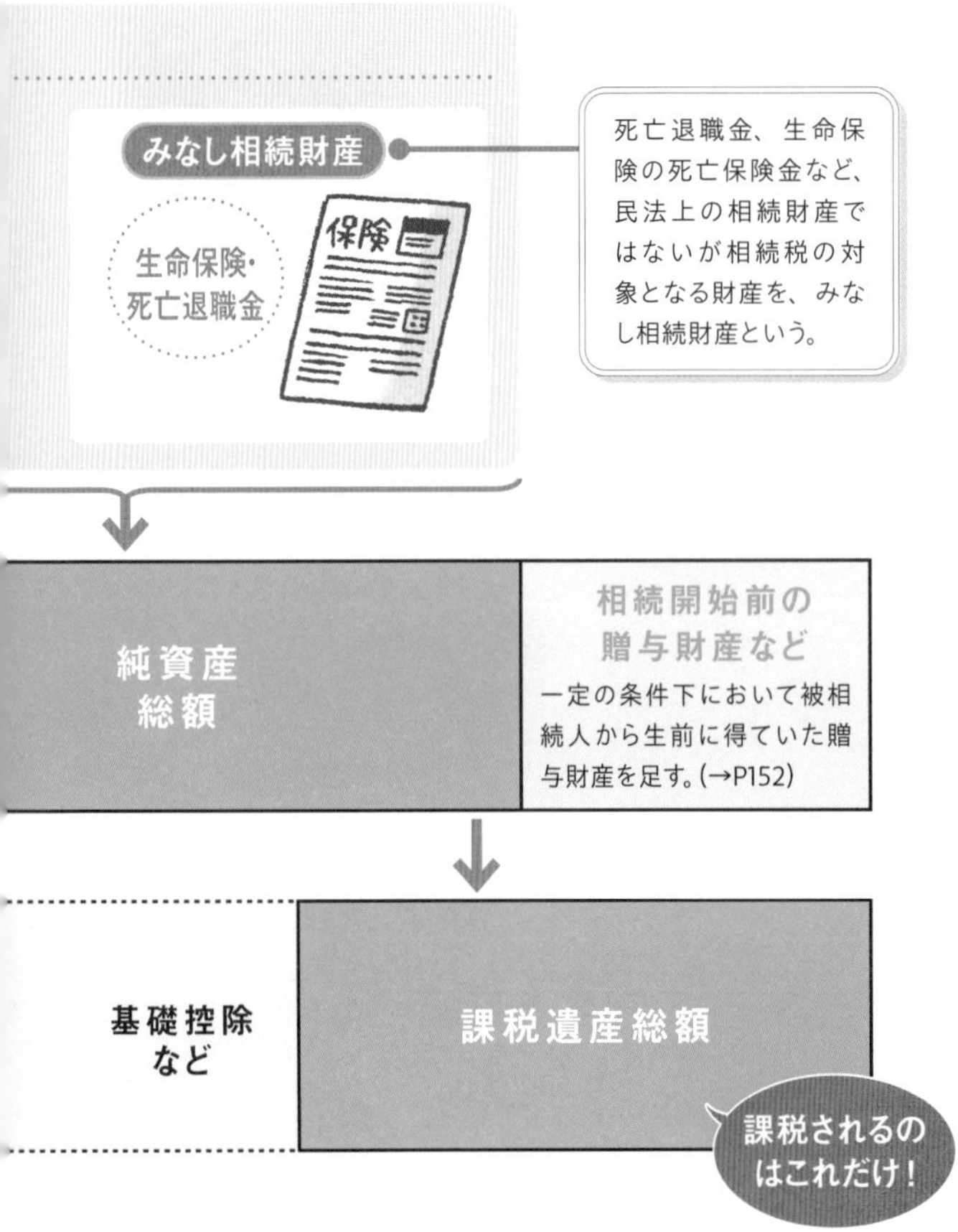
みなし相続財産
生命保険・死亡退職金
保険
死亡退職金、生命保険の死亡保険金など、民法上の相続財産ではないが相続税の対象となる財産を、みなし相続財産という。
純資産総額
相続開始前の贈与財産など
一定の条件下において被相続人から生前に得ていた贈与財産を足す。(→P152)
基礎控除など
課税遺産総額
課税されるのはこれだけ！

**相続とは、ある人が死亡した場合にその財産（権利、義務）を引き継ぐこと**をいいます。遺産を相続する人を相続人、亡くなって財産を残す人を被相続人といいます。

相続税の計算は複雑だといわれます。その原因は相続人別に相続する財産（相続財産）を決めなければいけない点や、遺産の評価方法が財産ごとに異なる点にあります。

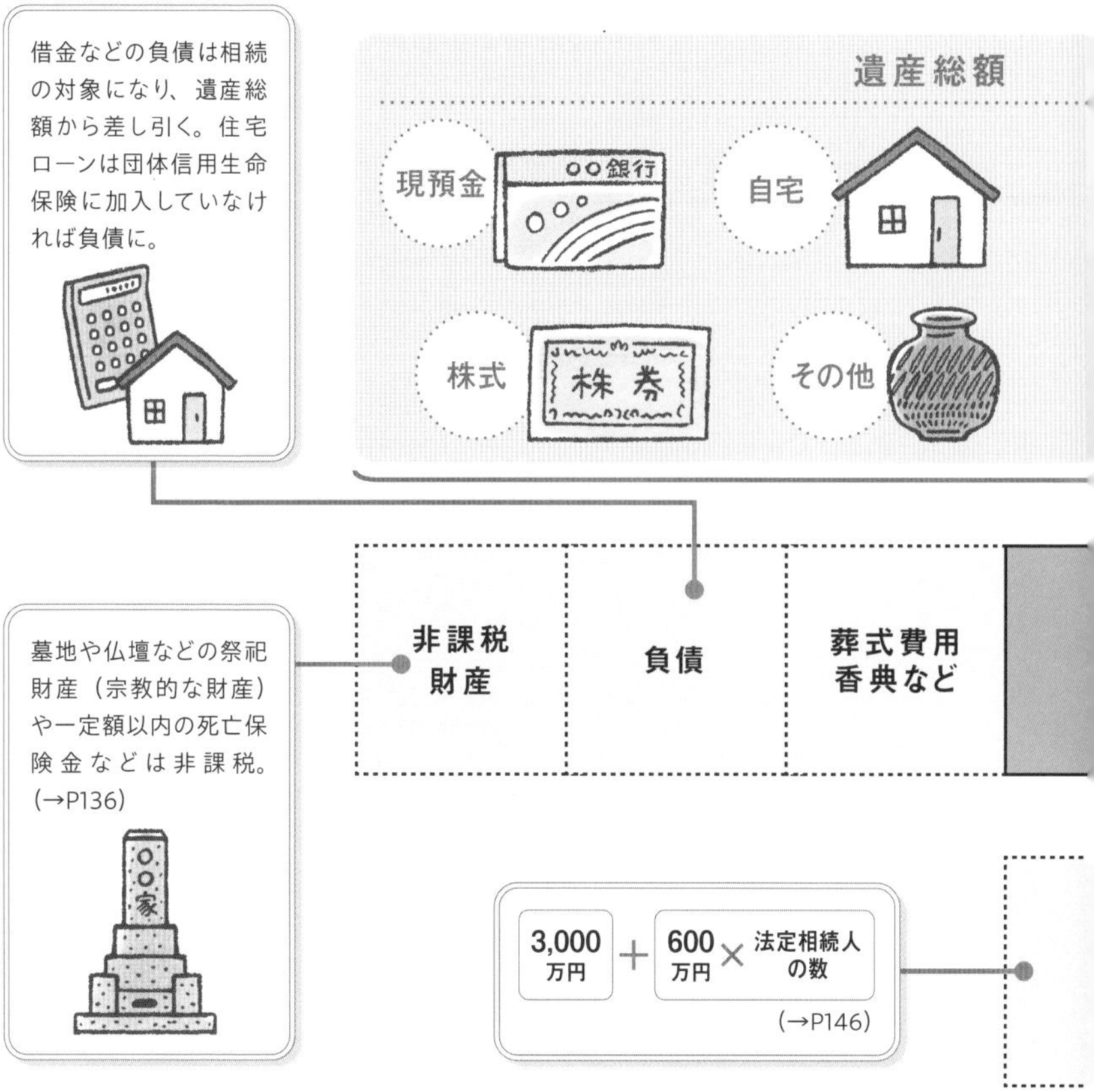
借金などの負債は相続の対象になり、遺産総額から差し引く。住宅ローンは団体信用生命保険に加入していなければ負債に。
遺産総額
現預金
○○銀行
自宅
株式
株券
その他
非課税財産
負債
葬式費用香典など
墓地や仏壇などの祭祀財産（宗教的な財産）や一定額以内の死亡保険金などは非課税。（→P136）
○○家
3,000万円
600万円
法定相続人の数
（→P146）

**相続税の申告期限は被相続人の死亡から10カ月以内**であるため、早めの対応が必要です。誰が何を相続できるか、大まかに把握できると、手続きを進めやすくなるでしょう。

まずは相続税がかかる遺産の全体像を上図をもとに確認してみましょう。遺産総額に**「みなし相続財産」**を加え、そこから**非課税財産や負債**などを引いて**純資産総額**を算出。生前贈与を行っていた場合、金額によっては足す必要も。ここから**基礎控除を引いた金額が課税遺産総額**であり、税率がかかる対象となります。

# ほとんどの財産が含まれる相続税がかかる資産

## その評価方法

**家屋**

固定資産税評価額

**土地**

路線価方式または倍率方式(→P138)

**現預金**

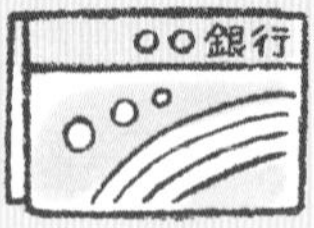


被相続人が亡くなった日の現金/預貯金残高（＋未収利息－源泉税）

※未収利息…受け取っていない預金利息

## かからないもの

**寄付した相続財産**

相続人が公益を目的とする事業を行う法人に寄付した相続財産

**墓地、仏壇など**

祭祀財産。骨董的な価値があるものや商品として所有しているものは課税対象

相続税を算出するためには、相続財産の金銭的価値を見積もらなければなりません。相続財産には現預金や不動産はもちろん、自動車や家財、貴金属も含まれます。相続財産の評価では、それら全ての**金銭的価値を評価する**作業を行います。財産別に決められた独特の方法で評価額を算出するため、**市場で売買される金額と評価額は必ずしも一**

## 株式の評価は少し複雑?

証券取引所で取引されている上場株式の場合は、4通りの金額から最も低い金額を評価額とする。終値の月平均額は各取引所ごとに公開されている「月間相場表」などで確認可能。なお、非上場株式の場合は、特別の評価方法が用いられる。

**以下のうち最も低い金額**

- 亡くなった日の終値
- 亡くなった月の毎日の終値の月平均額
- 亡くなった月の前月の毎日の終値の月平均額
- 亡くなった月の前々月の毎日の終値の月平均額

## 相続税がかかる主なものと

**株式**

決められた4つの価額のうち最も低い価額（左記参照）

**骨董、貴金属**

類似品の売買価格や専門家の意見を参考にする

**投資信託**

投資信託の種類により決められた計算式

**自動車、家財**

類似品の売買価格や専門家の意見を参考にする

## 相続税が

**葬祭費など**

自治体から支給された葬祭費、健康保険組合から死亡時に支給された埋葬料など

**生命保険金、退職金の一部**

生命保険の死亡保険金、死亡退職金についてそれぞれ非課税限度額がある

**致しません。**

相続財産の中には**非課税のもの**もあります。被相続人が国民健康保険に加入していた場合に支給される葬祭費については、課税の対象外。また、香典や弔慰金、未支給の公的年金なども遺族に渡されるものとされ、相続財産に含まれません。判断に迷いやすいのが**死亡保険金**。相続人が受け取る場合、民法上は相続財産にならないものの、税法上はみなし相続財産として相続財産に加算され課税されます。ただし、**一定額までは非課税財産**とされます。

# 宅地の相続税評価額を決める 路線価方式と倍率方式

相続財産の中でも金額が特に大きい財産が土地です。**宅地の場合には「路線価方式」か「倍率方式」のいずれかによって評価**を行います。路線価とは、路線（道路）に面する宅地の1㎡あたりの評価額のこと。倍率は、路線価が定められていない地域の評価に用いられる数値です。どちらも、**国税庁が公開している「財産評価基準書」**を確認すること

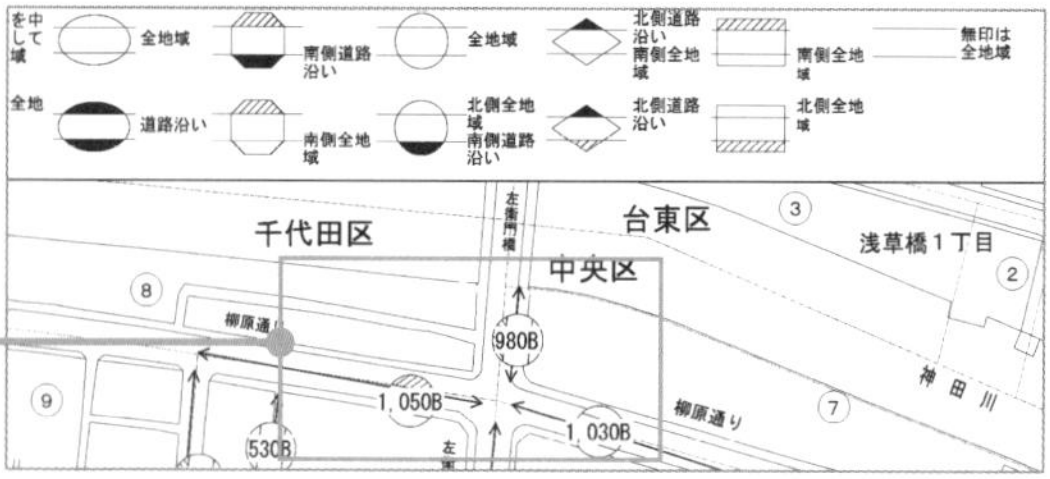


| | | | | |
|---|---|---|---|---|
| お | 岡田 | 農業振興地域内の農用地区域 | % | 倍 |
| | | 都道、町道沿い | 30 | 1.1 |
| | | 上記以外の地域 | 30 | 1.1 |
| さ | 差木地 | 農業振興地域内の農用地区域 | | |
| | | 都道、町道沿い | 30 | 1.1 |

国税庁「令和5年分財産評価基準書」より

## 倍率方式

固定資産税評価額 × 倍率

倍率表に記載された倍率と、固定資産税の納税通知書などに記載された固定資産税評価額を用いて算出

例
- 固定資産税評価額：**3,000万円**
- 倍率：**1.1**

**3,000万円 × 1.1 ＝ 相続税評価額 3,300万円**

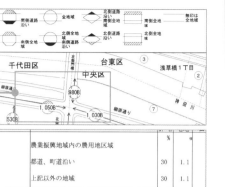

で、調べることができます。

路線価方式の場合、相続する土地の面積と路線価、土地の形に応じた補正率を掛け合わせて相続税評価額を算出します。補正率は、路線価と同じく基準書内にある調整表を参照することでわかります。倍率方式は、倍率を固定資産税評価額に掛けるだけです。

宅地の評価には**大幅な減額が認められる特例**があります。被相続人と同居する親族などが住み続けられるように配慮された制度で、最大8割の減額が認められるため、要件を満たすか必ず確認しましょう。

## 小規模宅地等にあたれば最大8割減額

被相続人が住んでいた自宅の土地など、遺族が住み続けるのに必要な宅地には評価減の特例があり、最大で8割の減額を受けられる。

**特例を受けるための要件**

- 被相続人の配偶者が取得する
- 被相続人と同居していた親族が取得し、亡くなる直前から相続税の申告期限まで住み続け、かつ所有し続ける

など

## 路線価方式

路線価 × 奥行価格補正率 × ○○補正率 × 面積

地区の区分から「土地及び土地の上に存する権利の評価についての調整表」で調べる

変形している土地を安く評価するなど、同じ土地の広さでも、土地の形によって評価は変わるため、補正率をかける。

例

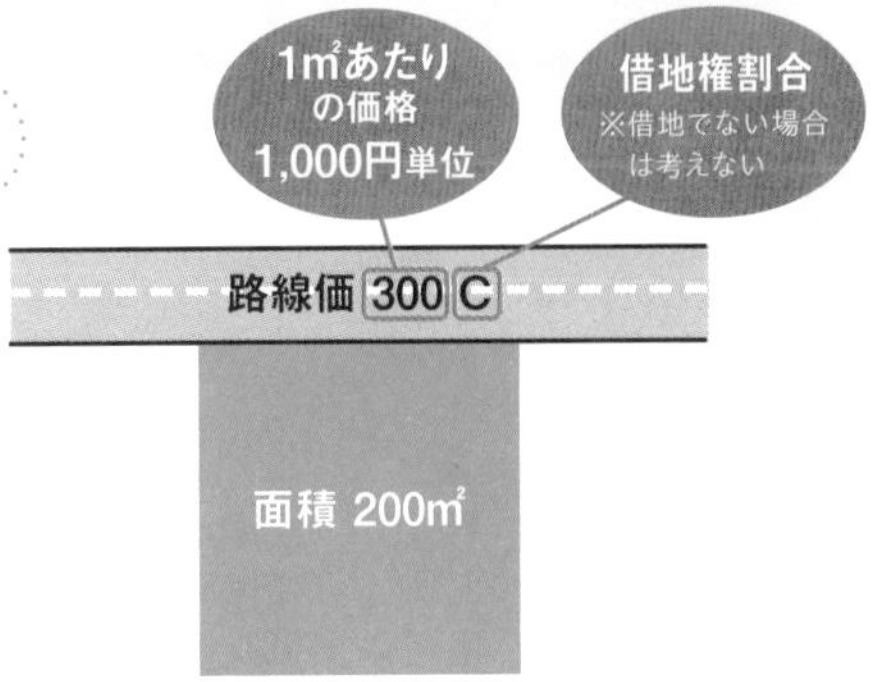


- 1面のみが路線に接する宅地
- 路線価：30万円
- 面積：200㎡
- 補正率：0.99
- 地区区分：普通住宅地区

30万円 × 0.99 × 200 = 相続税評価額 5,940万円

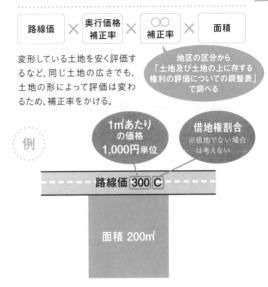

Types

相続の税金

# 相続の方針を左右する 遺言書の確認とその後の協議

**遺言書は被相続人が遺産の分け方などについて意向を書面に残したものです。**遺言書を残すことで、相続人以外の人に財産を贈る「遺贈」を行うこともできます。遺言書がある場合、遺言書通りに手続きを進めることが原則ですが、**遺言書と異なる分け方をしたい場合や、遺言書がない場合は相続人全員で協議**を行う必要があります。

## その後の流れ

### 遺言書がない／遺言書と異なる分け方にしたい

相続人全員で話し合う「遺産分割協議」を行う。相続人が一人でも不参加の場合、協議が無効になる。そのため相続人、相続財産の特定が必要。

**全員の同意を得られた**

遺産分割協議書を相続人の人数分、作成。書式は自由だが、全員の署名、押印、実印の印鑑証明書が必要。各相続人が1通ずつ保管する。

**同意が得られなかった**

協議がまとまらない場合、家庭裁判所に調停を申し立てる。調停でも合意が得られない場合、審判、裁判へと移行。

# 遺言書の確認と

## 遺言書がある

原則として、遺言の内容は法定相続分（→ P142）より優先される。遺言の指定どおりに遺産を分けて遺産分割の手続きは完了する。法的に有効な遺言は以下の 3 種類に分かれ、それぞれ遺言の探し方や手続きが異なる。

### 自筆証書遺言

遺言者が遺言の全文、日付、氏名を自筆で書き、押印したもの。見つけた場合はその場で開封せず、家庭裁判所の検認手続きを受ける。

メリット

- **費用がかからない**
- **法務局で預かってもらう場合には、検認が不要になる**

### 公正証書遺言

2人以上の証人の立ち会いのもと、遺言者が口述し公証人が筆記したもの。検認が不要。原本は公証役場で保管される。

メリット

- **公証人が関与することで無効になりにくい**
- **遺言検索サービスを利用できる**

### 秘密証書遺言

遺言内容を秘密にしたまま遺言書の存在だけを公証人に証明してもらうもの。署名押印した後、同じ印で封印し、公証人の前で住所氏名を記す。

メリット

- **誰にも遺言の内容を知られない**
- **パソコンや代筆の作成も認められる**

遺言には法的に有効なものと無効なものがあります。家族の前で口頭で話した内容、テープで吹き込んだものや一人でパソコンで作成した書面などは無効になるので注意が必要です。**法的に有効な遺言は「自筆証書遺言」「公正証書遺言」「秘密証書遺言」**の3種類あり、このうち、自筆証書遺言と秘密証書遺言は家庭裁判所で相続人立会いのもと開封する**「検認」**の手続きが必要です。検認手続きを受ける前に開封してしまうと、罪に問われるので気をつけましょう。

# 遺産分割の目安となる相続人の順位と法定相続分

相続人の優先順位

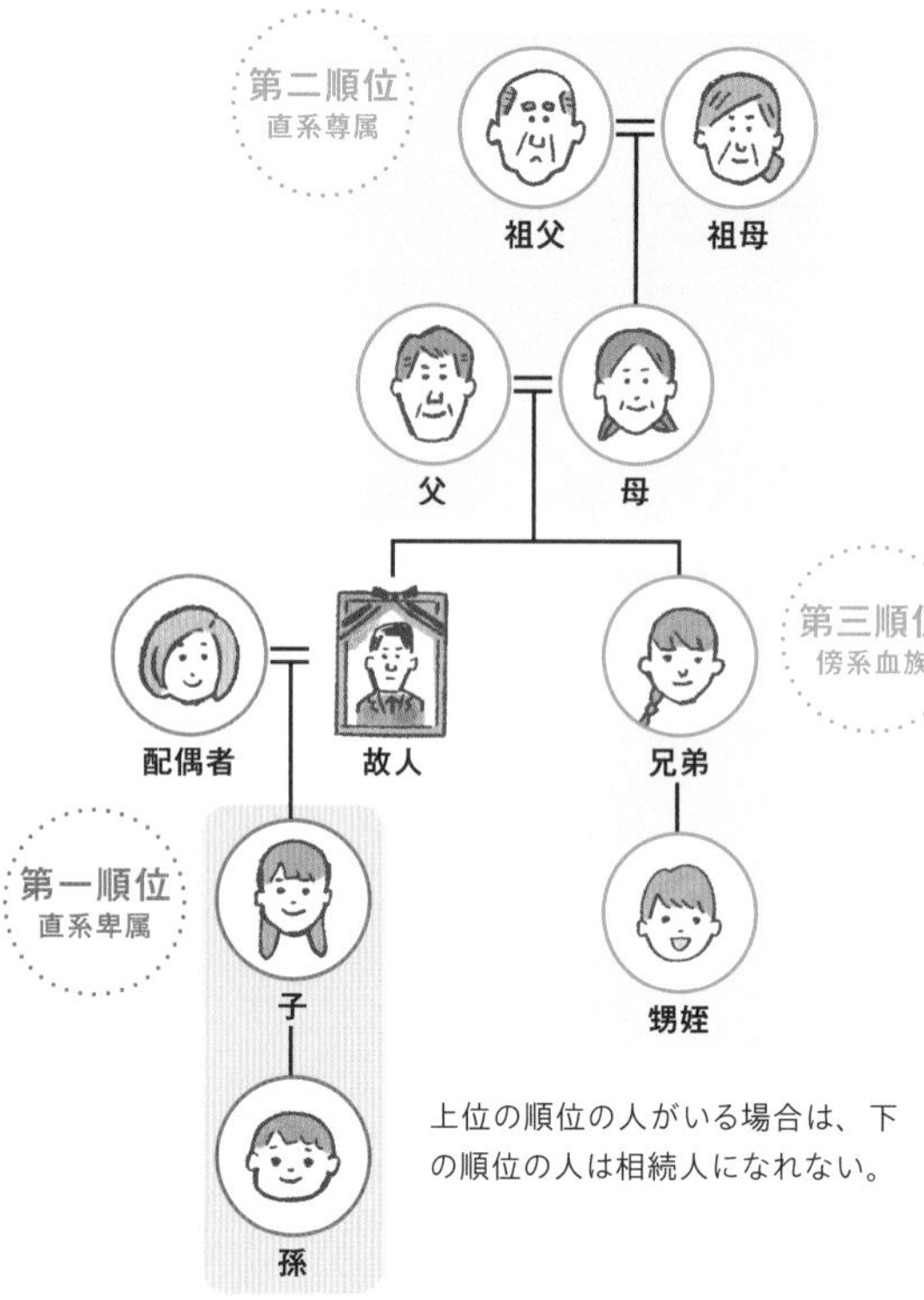


尊属…自分よりも前の世代に属する血族
卑属…自分よりも後の世代に属する血族

相続人になれる人は法律上の範囲と順位が決まっています。相続人の候補は被相続人の**配偶者、子、父母、兄弟姉妹**であり、優先順位によって、相続人が決まります。**配偶者はどのような場合にも相続人**となります。その他の親族は、第一順位から第三順位まであり、**上の順位の人が相続人になる場合は、それ以下の順位は相続人になれません。**

## 法定相続分のパターン

※（）内は遺留分

### 配偶者+子

配偶者と子どもで1/2ずつ分割。子どもが複数いる場合は子ども分の1/2をさらに等分する。第二順位、第三順位は相続人になれない。

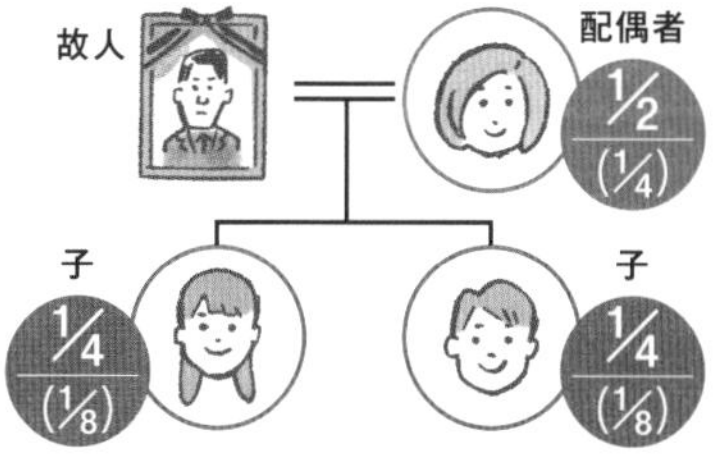


### 配偶者+兄弟姉妹

第二順位（直系尊属）が相続放棄、または死亡している場合で子どもがいない場合は、配偶者に3/4、兄弟姉妹に1/4を相続。なお、兄弟姉妹と甥姪には遺留分が認められない。

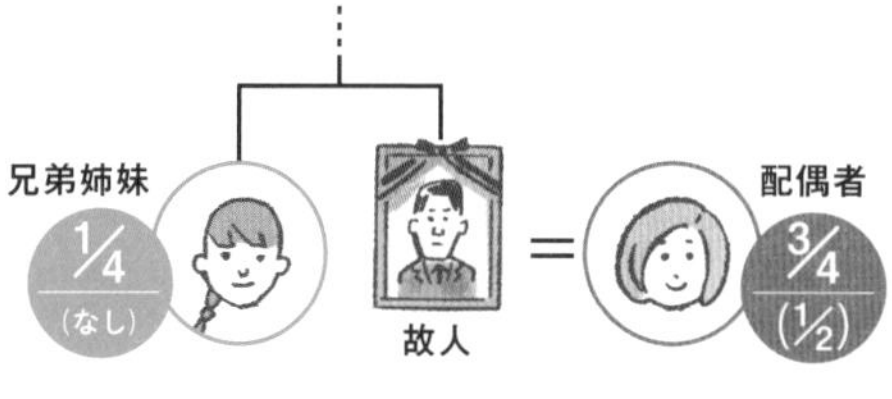


### 配偶者+親

第一順位（直系卑属）がいない場合、配偶者に2/3、親に1/3を相続。両親ともに相続人の場合は1/6ずつ。

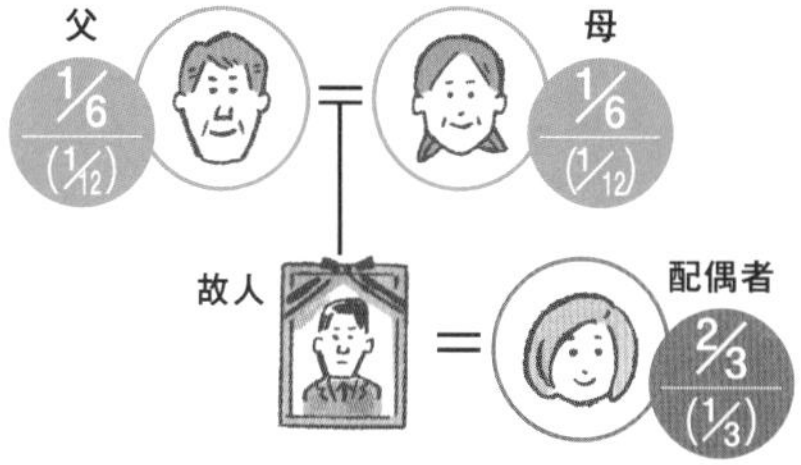


遺産分割は遺言書、あるいは相続人同士の合意を得た上であれば様々な割合で分割できます。しかし、法律上の目安も定められており、これを**法定相続分**といいます。法定相続分は相続人の続柄別に定められており、遺言がない場合などの基準として用いられます。また、自由に分割される場合にも、一定の相続人の続柄には最低限、一定の割合で遺産を確保することが定められています。これを**遺留分**といいます。遺言で相続を認められない相続人でも、**遺留分の相続は主張できる**のです。

# 工夫の余地あり？ 相続・遺産分割の選択肢

## 相続の方法は3つ

### 単純承認

プラスの財産とマイナスの遺産（負債）をすべて相続する。特別な手続きを行わなければ自動的に単純承認となる。

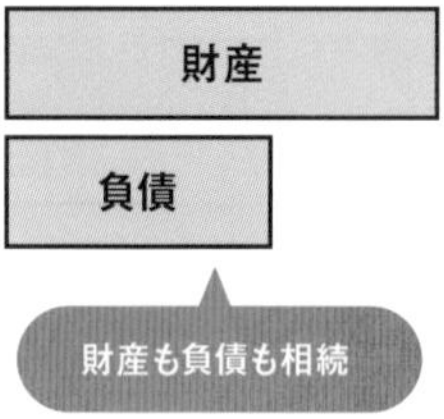


### 限定承認

遺産を受け取り、プラスの財産の範囲内でマイナスの遺産を相続する。相続人全員の手続きが必要であり、遺産目録の添付など込み入った手続きもある。

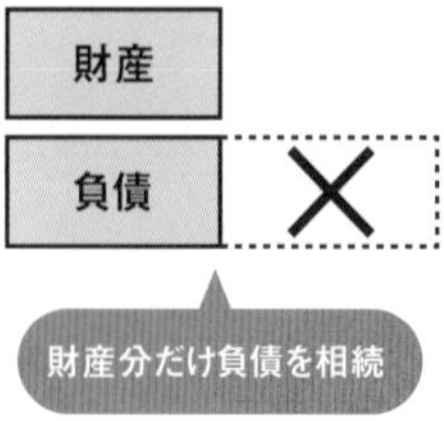


### 相続放棄

プラスの財産も負債も相続しない。生命保険と退職金は相続可能。最初から相続人でなかったとみなされる。負債がある場合、別の相続人に負債の相続分も移るため要注意。

相続財産に借金や未払いの税金など負債が含まれる場合などには、3つの相続方法から最適な方法を検討しましょう。一つは「**単純承認**」といい、財産も負債も全て相続します。負債の総額がわからない場合は「**限定承認**」を行うことで、負債の相続をプラスの相続財産の範囲内に限定できます。負債がプラスを上回る場合は、「**相続放棄**」により、

# 遺産分割の方法

## 現物分割

相続財産を現物のまま、財産別に各相続人に分配する方法。「不動産は配偶者、現預金は子ども」といった分割を行う。

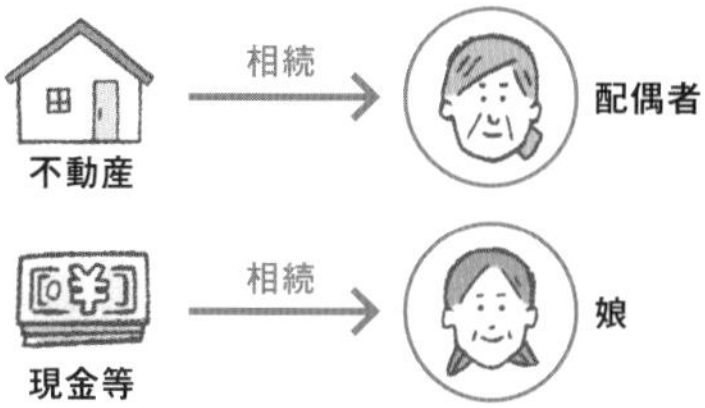


## 代償分割

現物の財産を相続した相続人が、他の相続人に代償金を支払い精算する方法。不動産など公平な分割が難しい遺産の相続において行われる。

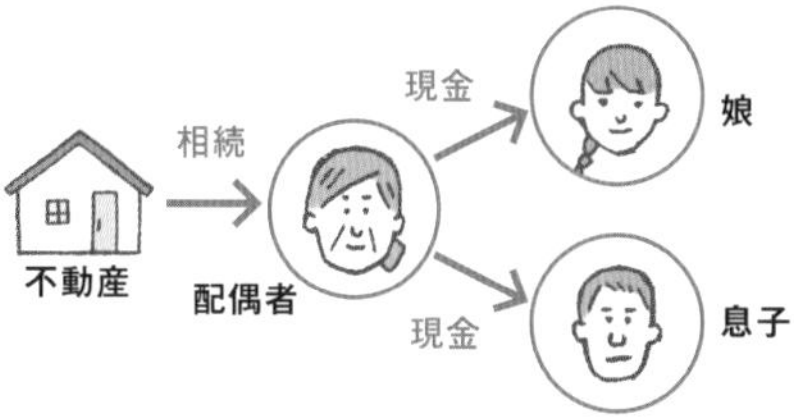


## 換価分割

相続財産を換金して、得られた売却金を相続人の間で分配する方法。不動産など売却する財産によっては、相続税とは別に譲渡所得税が発生する可能性がある。

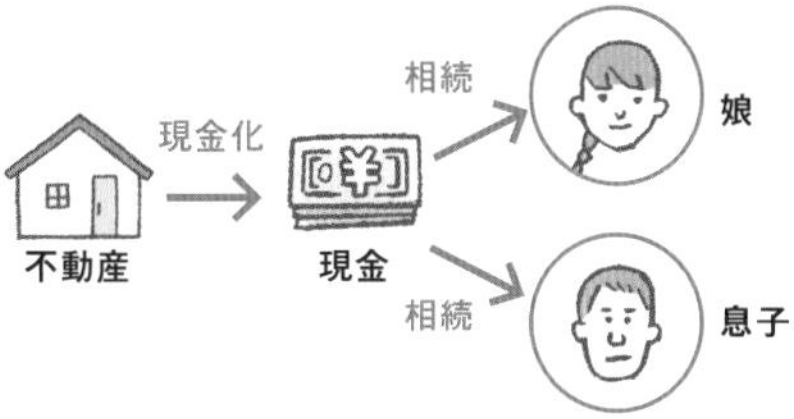


財産も負債も放棄できます。**相続放棄、または限定承認を行う場合、申し立ての期限は3カ月以内**であるため、早めの対応が必要です。

遺産の分割方法についても、3つの選択肢があります。最も一般的な方法は財産を現物のまま相続人に分配する「**現物分割**」です。ただ、現物分割では相続人の合意が難しい場合もあります。そのような場合には現物を相続した相続人から代償金を払う「**代償分割**」や現物を換金してから分配する「**換価分割**」といった方法も検討しましょう。

Types
相続の税金

# 遺産をまとめて按分 相続税の税額を求める流れ

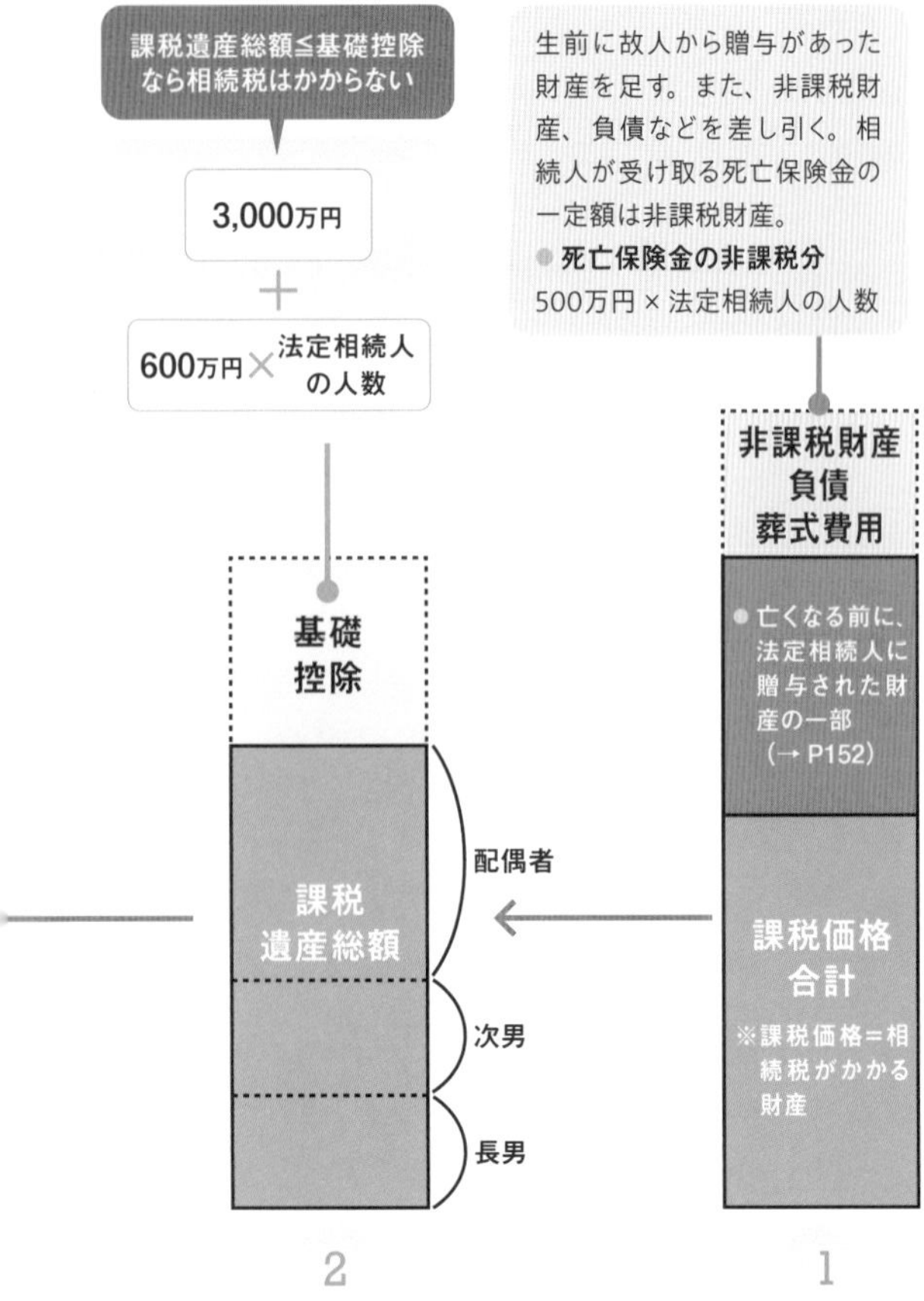


相続財産の評価が明らかになったら、実際に相続税を計算してみましょう。

まずは課税価格の合計を求めます。このとき負債や死亡保険金の控除分などを差し引きます。**ここまでで赤字になった場合はゼロ**として扱います。ここに条件を満たす生前贈与等があれば加えます（上図①）。ここから基礎控除を引いて課税遺産総額を算出（上

| | |
|---|---|
| 贈与税額控除 | 相続時精算課税制度の利用や、亡くなる7年前以内の贈与などで、相続財産に加え戻された贈与に対して既に納めた贈与税を控除 |
| 配偶者控除 | 配偶者の法定相続分または1億6,000万円のいずれか多い金額 |
| 未成年者控除 | 未成年者の相続税額から「10万円×その未成年者が満18歳になるまでの年数」を控除 |
| 障害者控除 | 障害者の相続税額から一定額を控除 |
| 相次相続控除 | 被相続人が前10年間で相続税を支払っていた場合に、一定の税額を控除 |
| 外国税額控除 | 被相続人の財産が外国にあり、外国で相続税がかかった場合に一定の控除 |

法定相続分に応じて分けたと仮定して、各人ごとの法定相続分の取得金額に対して税率、控除の計算を行う。計算には相続税の速算表(→P154)を使う。

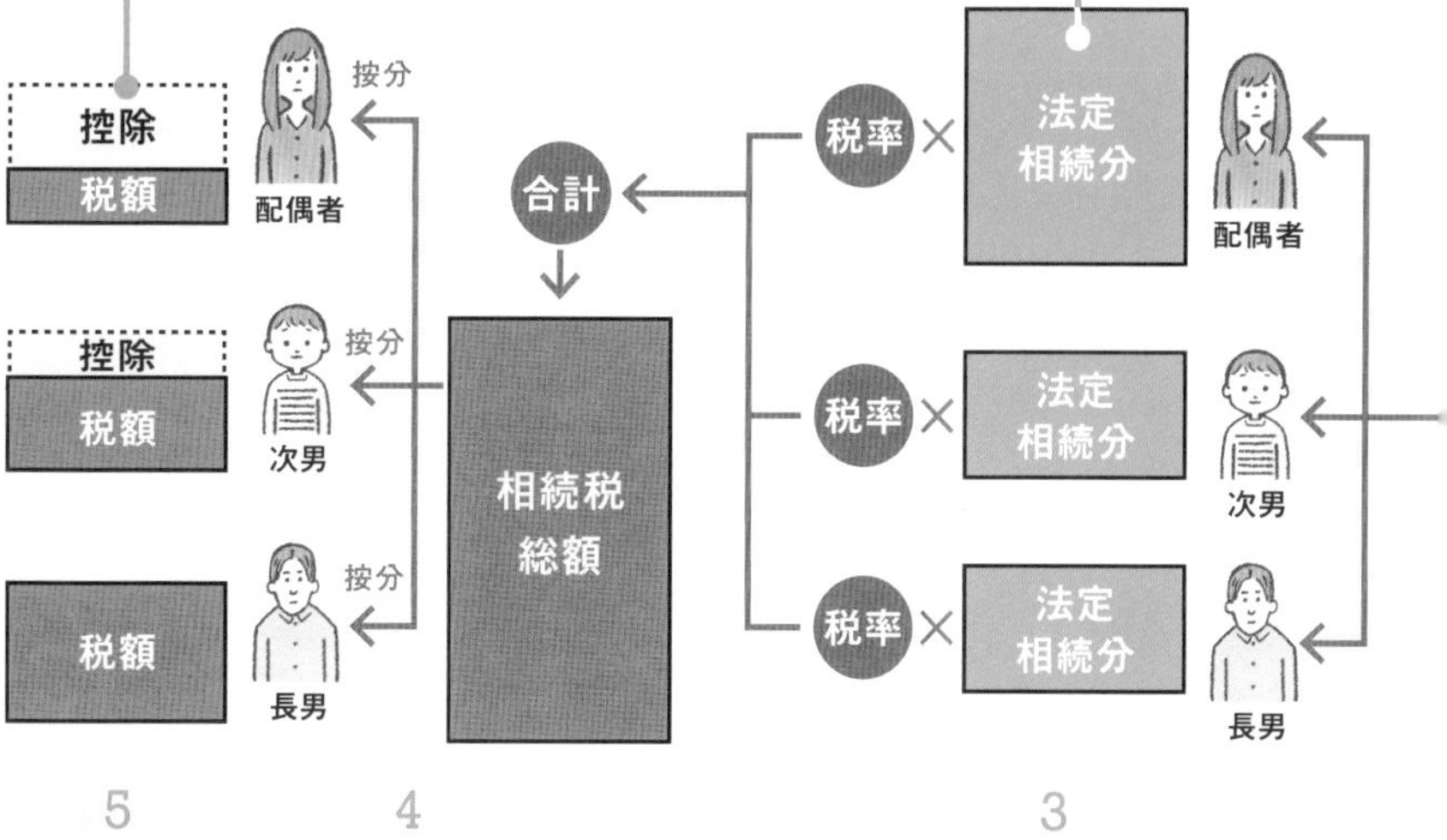


図②)。さらに法定相続分で分けたと仮定して、各相続人ごとに税率を掛けて、控除を差し引き、相続税額を算出(上図③)。税額を合計したのち、再び相続人ごとの負担割合に応じて負担額を振り分ける按分(上図④)を行います。法定相続分にいったん振り分けてから再びまとめて按分を行う理由は、**相続人が遺産をどのように分けても、相続税の総額が変わらないようにするため**です。按分後の税額から各人に適用可能な税額控除を差し引いて(上図⑤)、計算は完了です。

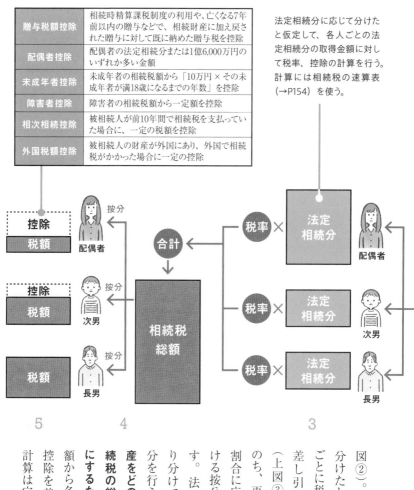

# 落ち着いたら早めに済ませたい 相続の流れと納税の準備

相続の流れをおさらいします。まず**遺言、相続人、相続財産の確認**を行います。**相続放棄などの申し立ては被相続人の死亡から3カ月以内**と定められているため、期限内に相続の方法について方針を決めます。故人の所得税について、**準確定申告が必要な場合は4カ月以内**に申告を行います。**相続税の申告は10カ月以内**です。それまでに遺産の

## 遺産を概算して申告の有無を確認

課税価格の合計が基礎控除額以下であれば相続税の申告は不要。ただし配偶者の税額軽減（配偶者控除）や小規模宅地等の特例を受ける場合は、相続税がかからなくても申告が必要。また、申告は不要でも遺産分割や相続の手続きは必要。

基礎控除

3,000万円 ＋ 600万円 × 法定相続人の人数

＝ 基礎控除額

課税価格の合計が基礎控除以下なら申告不要

### 故人の代わりに確定申告が必要な場合も?

故人に代わって所得税の申告を行う手続きを「準確定申告」という。1月1日から亡くなる日までの一定の所得が対象。相続人が2人以上いる場合は連署で税務署に申告、納税する。

**必要な可能性があるケース**

- 事業所得が48万円超
- 公的年金の受け取りが400万円超
- 不動産収入があった
- 株などの投資をしていた
- 高額の医療費を支払った

## 相続税額の計算例

**相続人**

配偶者

長男

次男
（12 歳）

按分割合は
法定相続分に
従う

**相続財産**

- 課税価格の合計 = 2億4,800万円
- 基礎控除 = 3,000万円 + 600万円 × 3
- 課税遺産総額 = 2億円

- 法定相続分に応じた税額

配偶者
1億円 × 30% − 700万円
　= 2,300万円

長男・次男
5,000万円 × 20% − 200万円
　= 各800万円

### 配偶者の納税額

相続税総額3,900万円 × 按分1/2 − 配偶者の税額軽減（上限 1億6,000万円）= 0円

### 長男の納税額

相続税総額3,900万円 × 按分1/4 = 975万円

### 次男（12 歳）の納税額

相続税総額3,900万円 × 按分1/4 − 未成年者控除10万円 × 6年 = 915万円

分割について協議などを終えて、納税のための申告書作成などを終える必要があります。

　相続財産の評価は多くの場合、専門知識が必要になりますが、概算を把握できると、納税または申告が必要か判断できます。**課税価格の合計が基礎控除以下なら相続税の申告は不要**です。また、配偶者であれば、税額控除が大きいため相続税がかからないことがほとんどです。ただし税額控除の利用のために申告自体は必要となります。概算の把握には、財産目録を作ると後の手続きにも役立ちます。

Types
贈与の税金

# 仕送りなら大丈夫？ 思わぬ課税も？

## 贈与税の基本

親からの仕送り

祖父からの贈与

他人からの贈与

贈与税の対象となる財産は土地や車などモノも含む

個人から財産（モノを含む）をもらうと贈与税が発生します。基礎控除額が年１１０万円であるため、その年にもらった財産の合計額が１１０万円までなら非課税です。また、親から子への仕送りなど、扶養義務のある親族間の生活費や教育費、祝い金などは基本的に贈与とはみなされず非課税となります。逆に、借金の肩代わりなど、贈与に思えな

## 思わぬ課税が？ みなし贈与に気をつける

税法では取引の実質（→P39）を見るため、親切が思わぬ課税を生むことも。時価より不当に安く財産を譲った場合や借金の肩代わりを行った場合に、みなし贈与として課税が発生する。

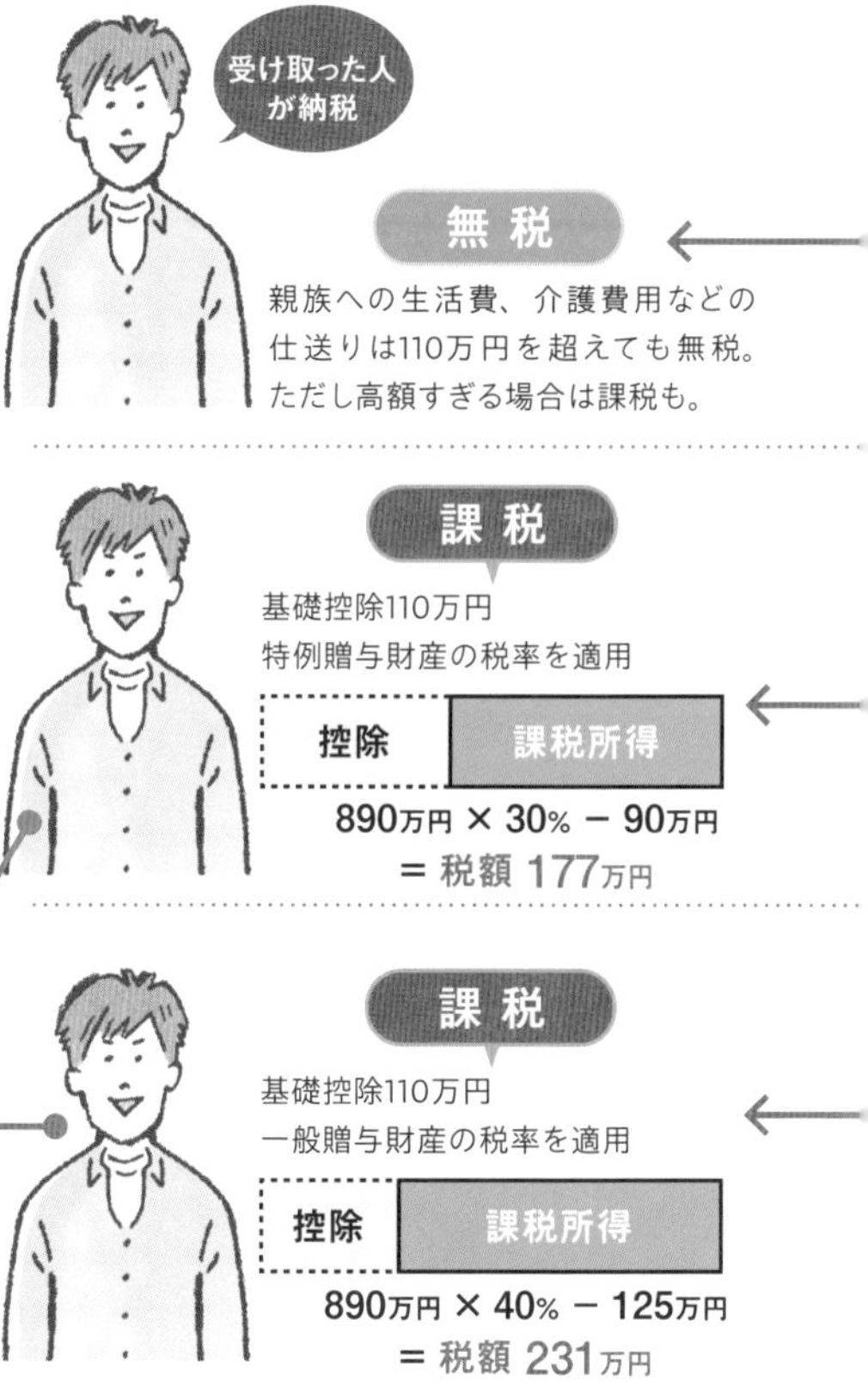


### 贈与者との間柄で税率が変わる

基礎控除を超える課税価格にかかる税率は2種類。父母、祖父母などの直系尊属から18歳以上の直系卑属が受けた贈与は特例贈与財産、それ以外は一般贈与財産の税率を適用。

いような取引でも贈与税の対象になる場合があります。

110万円を超えた部分には、超過累進税率が適用されます（暦年課税）。贈与を受けた人との関係によって税率が変わり、直系尊属から18歳以上の直系卑属が贈与を受けた場合は税率が低くなります。

贈与税は相続税を補完する性格を持ち、相続税と比べると基礎控除額が低く設定されています。もしも贈与税がなかったり税率が低かったりすれば、生前に贈与を行うことで相続税を免れることができるためです。

# 生前贈与か相続時精算課税制度とは？

生前贈与を検討する際、毎年の贈与額を基礎控除110万円の範囲内におさめて少しずつ贈与する方法が考えられます。しかし、相続が発生すると**相続開始前の7年以内に贈与された財産は相続財産に加算**されてしまいます。

これに対して、基礎控除に加えて大きな金額の控除枠を利用できる「相続時精算課税制度」があります。制度を利

**暦年課税**

- 手続きを行わなければ、自動的にこちらを適用

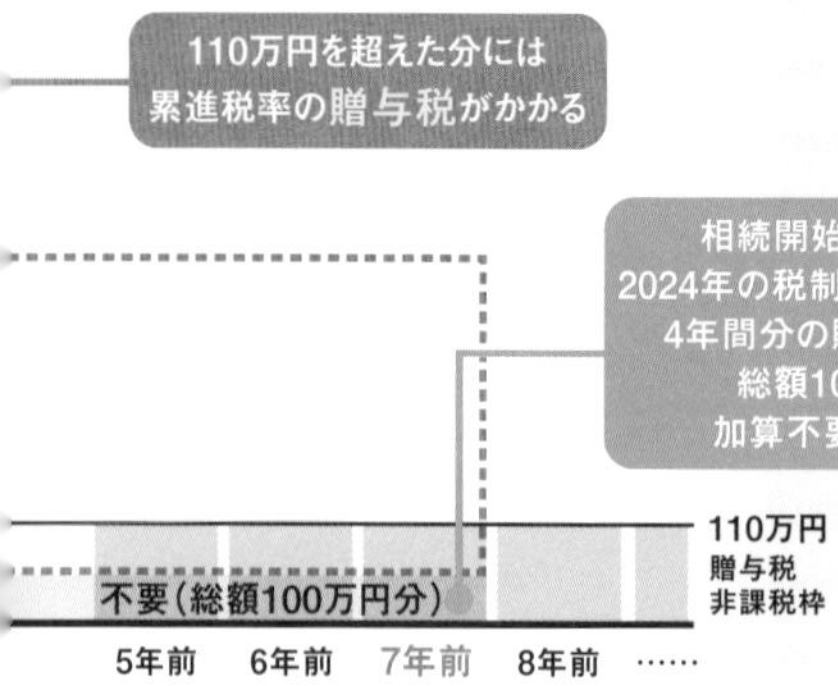


**相続時精算課税**

- 贈与者ごとに手続きを行う必要があり、適用すると暦年課税に戻せない
- 以下の条件を満たす必要がある
  ①贈与者が贈与の年の1月1日において60歳以上
  ②受贈者が同日において18歳以上で、贈与者の直系卑属または孫である

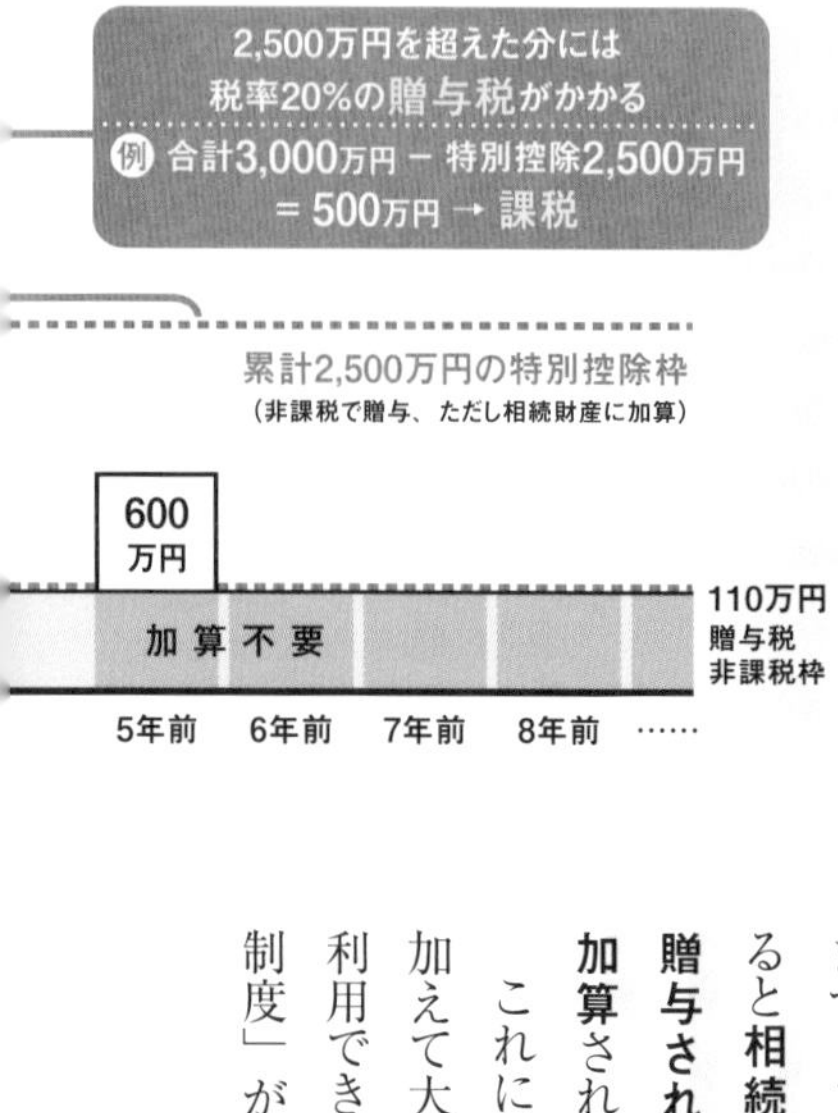

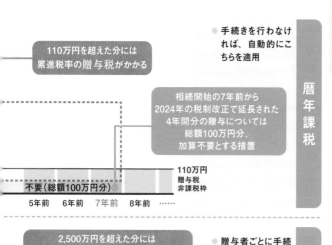

**暦年課税でよいケース**

- 今後、長期にわたって相続が発生しないと予想される

**相続時精算課税を検討するケース**

- 収益性のある、まとまった金額の財産を早めに贈与したい
- 相続発生まで間もないと予想される

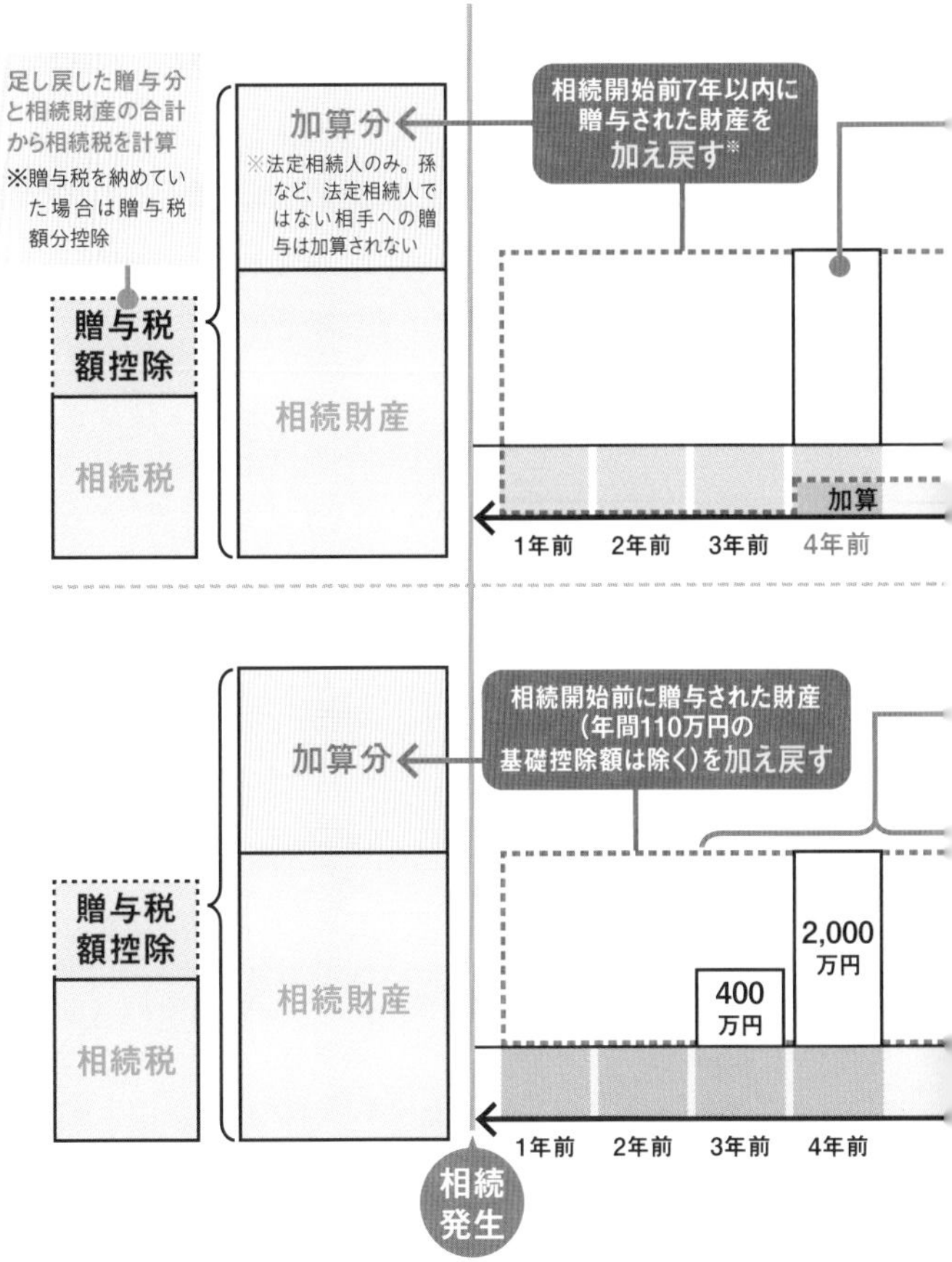


※加算対象期間について
2024年1月1日以後に適用。段階的に適用されるため、贈与者の相続開始日により、以下のように加算対象期間が異なる。
- 2024年1月1日～2026年12月31日→相続開始前3年間
- 2027年1月1日～2030年12月31日→2024年1月1日～相続開始日
- 2031年1月1日～→相続開始前7年間

用すると、**年間の基礎控除110万円とは別に、累計2500万円までを非課税で贈与**でき、それを超える贈与についても20%という固定税率が適用されます。暦年課税と異なり、基礎控除を超えた贈与分は年数を限定せず相続財産に加算する必要がありますが、この場合も**年間110万円の控除分は相続財産への加算の必要がありません**。ただし、「小規模宅地等の特例（→P139）が使えなくなる」「一度選択すると暦年課税に戻れない」といったデメリットもあり、利用には注意が必要です。

特別資料 4

# 贈与、相続に役立つ表

## ▼ 贈与税の速算表

| 基礎控除後の課税価格 | 特例贈与 | | 一般贈与 | |
|---|---|---|---|---|
| | 税率 | 控除額 | 税率 | 控除額 |
| 200 万円以下 | 10% | — | 10% | — |
| 200万円超～ 300 万円以下 | 15% | 10 万円 | 15% | 10 万円 |
| 300 万円超～ 400 万円以下 | | | 20% | 25 万円 |
| 400 万円超～ 600 万円以下 | 20% | 30 万円 | 30% | 65 万円 |
| 600 万円超～ 1,000 万円以下 | 30% | 90 万円 | 40% | 125 万円 |
| 1,000 万円超～ 1,500 万円以下 | 40% | 190 万円 | 45% | 175 万円 |
| 1,500 万円超～ 3,000 万円以下 | 45% | 265 万円 | 50% | 250 万円 |
| 3,000 万円超～ 4,500 万円以下 | 50% | 415 万円 | 55% | 400 万円 |
| 4,500 万円超 | 55% | 640 万円 | | |

## ▼ 相続税の速算表

| 課税価格 | 税率 | 控除額 |
|---|---|---|
| 1,000 万円以下 | 10% | — |
| 3,000 万円以下 | 15% | 50 万円 |
| 5,000 万円以下 | 20% | 200 万円 |
| 1 億円以下 | 30% | 700 万円 |
| 2 億円以下 | 40% | 1,700 万円 |
| 3 億円以下 | 45% | 2,700 万円 |
| 6 億円以下 | 50% | 4,200 万円 |
| 6 億円超 | 55% | 7,200 万円 |

贈与税、相続税ともに累進税率だが、速算表を使うことで、超過分ごとの計算を行わなくても簡単に求められる。

**計算方法** **課税価格 × 税率 − 控除額**

例 ● 課税価格:**1億円**

相続税の場合

**1億円 × 30% − 700万円 = 2,300万円**

贈与税（特例贈与）の場合

**1億円 × 55% − 640万円 = 4,860万円**

## column 本当にあった相続トラブル

「大丈夫」と思っても起きるのがトラブル。実際の事例を紹介

| | |
|---|---|
| 不動産の評価額でもめる | 代償分割を行ったものの、代償金を受け取る相続人から不動産の評価額が不当に安いと主張される |
| 相続放棄の撤回 | 親族全員が集まって合意した相続放棄を、その後、一人だけが撤回して全財産を手に入れる |
| 生前の“相続放棄” | 法的に効力がない生前の“相続放棄”を被相続人との間で行い、放棄を行った分の謝礼金をもらっておきながら、相続を主張される |

Chapter 5

家計への影響は最も大きい？

# 暮らしに関わる税金

生活を送る上で、最も負担する機会が多いであろう消費税。その他にも、たばこや酒類、自動車など、暮らしに関わる税金は様々です。生活と税金の関わりについて見ていきましょう。

TAX

# 消費と生活に関わる税金のさまざま

消費税をはじめ、家計に重くのしかかりがちな、様々な税。
その中身を紐解きつつ、税の悩みとの付き合い方にも触れます。

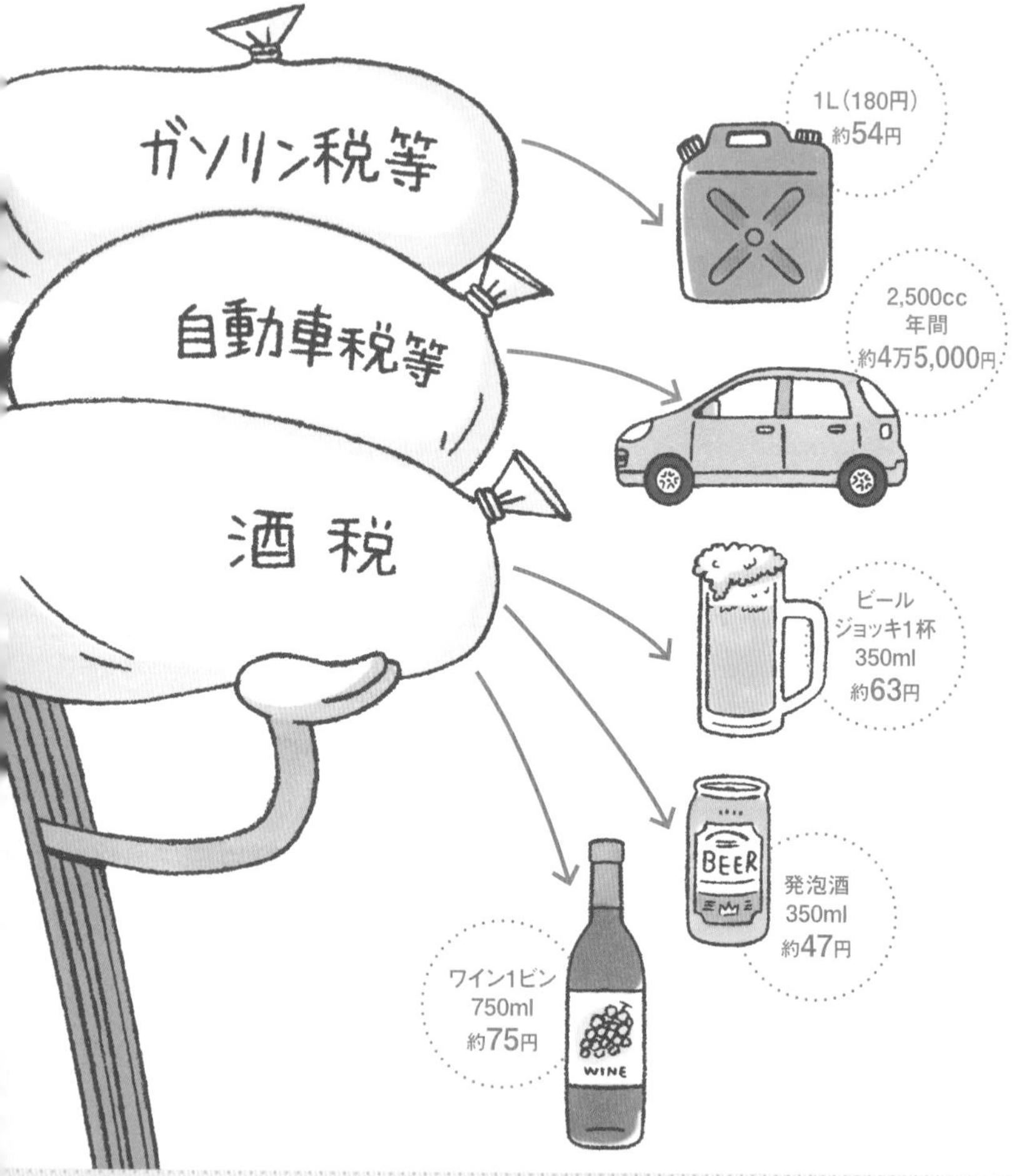

**これだけおさえる!**

- 消費税は目的税であり間接税。その性質と歴史を知る
- 仕入税額控除とインボイス制度の仕組みをおさえる
- 税とお金の悩み解消に役立つ相談窓口を把握する

Types

暮らしの税金

# 商品・サービスの提供にかかる消費税の仕組み

## 消費税の流れ

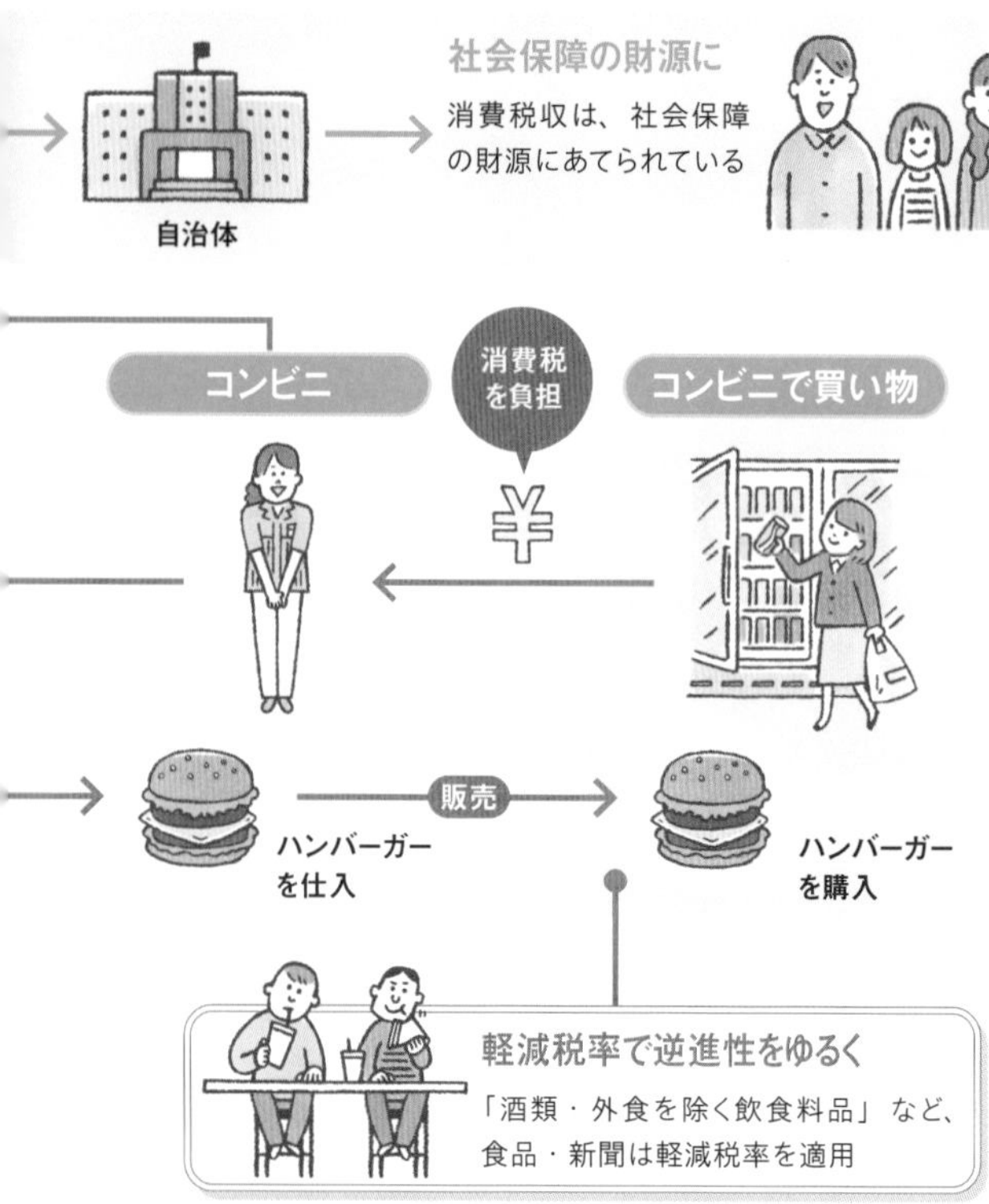

社会保障の財源に
消費税収は、社会保障の財源にあてられている
自治体
コンビニ
消費税を負担
コンビニで買い物
¥
販売
ハンバーガーを仕入
ハンバーガーを購入
軽減税率で逆進性をゆるく
「酒類・外食を除く飲食料品」など、食品・新聞は軽減税率を適用

老若男女を問わず、誰もが支払う機会があり、暮らしにおいて最も身近な税金が消費税です。消費一般に対してかかる税金であり、**商品の販売やサービスの提供に対してかかる税金**といえます。

消費税は間接税（→P29）です。誰もが公平に支払う性質上、逆進性（→P35）を持つため、家計を圧迫しすぎないように「酒類・外食を除く

## 経済活動を巡る

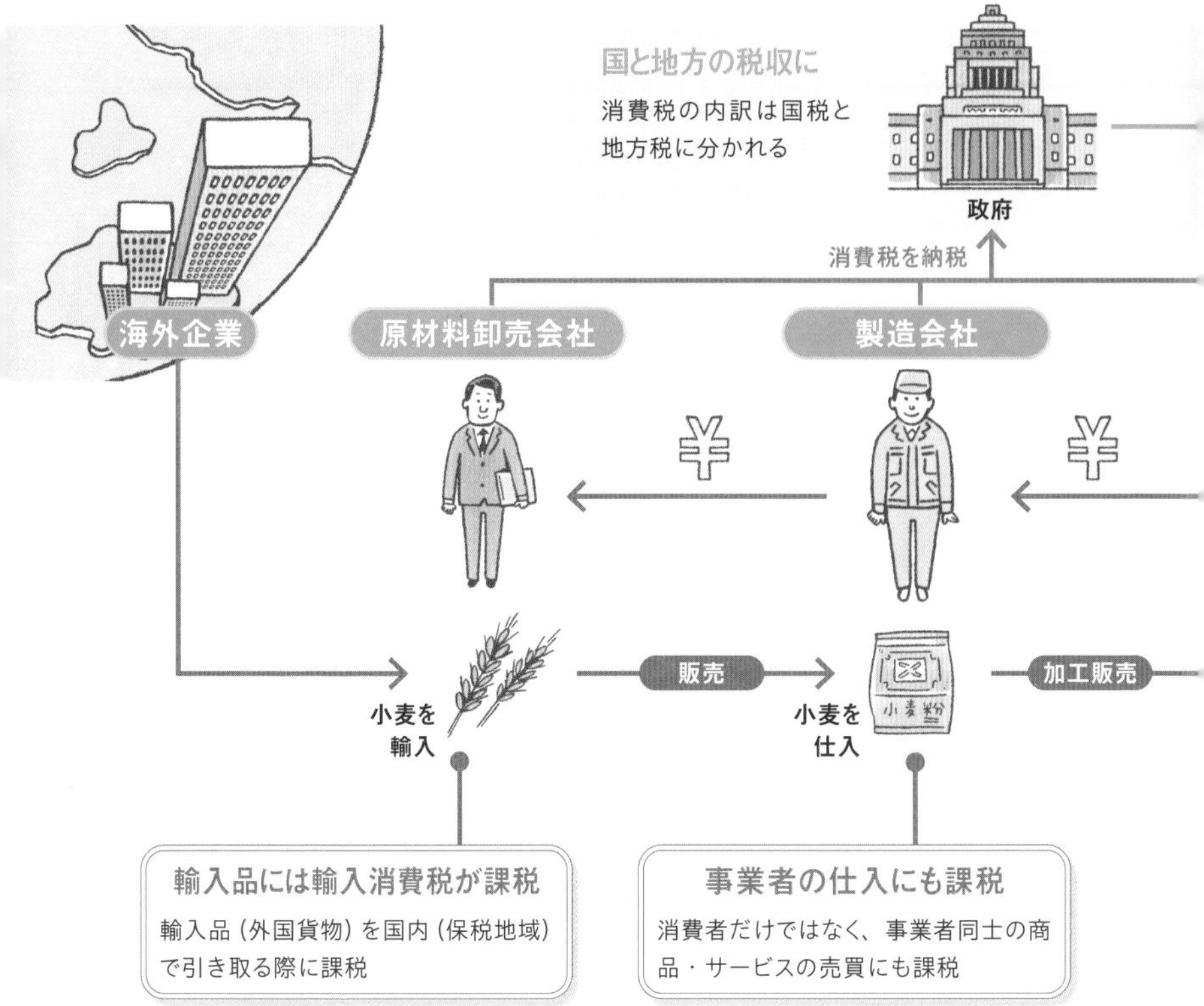
国と地方の税収に
消費税の内訳は国税と
地方税に分かれる
政府
消費税を納税
海外企業
原材料卸売会社
製造会社
¥
¥
販売
加工販売
小麦を
輸入
小麦を
仕入
小麦粉
輸入品には輸入消費税が課税
輸入品（外国貨物）を国内（保税地域）で引き取る際に課税
事業者の仕入にも課税
消費者だけではなく、事業者同士の商品・サービスの売買にも課税

飲食料品」及び「定期購読契約が締結された週2回以上発行される新聞」については**軽減税率**が設けられています。税金の最終的な負担者は消費者ですが、事業者間の仕入にも消費税は発生するため、取引を重ねるごとに何重にも課税が発生しないよう**仕入税額控除**（→P162）が採用されています。それらの税収は国と地方それぞれの財源となります。社会保障費の増大を背景に消費税の引き上げが段階的に行われてきた現在、改めて消費税の性質と役割を振り返りましょう。

もっと詳しく

暮らしの税金

# 集めやすいから頼りやすい 消費税の使い道と要件

消費税は国税と地方税を両方含みます。消費税の標準税率である10％のうち、**およそ7・8％が国の財源に、残りの2・2％が地方の財源として配分**されます。政府は「社会保障と税の一体改革」を掲げ、消費税の使途を社会保障の財源、中でも**年金、医療、介護、子育て支援の4つの施策**への支出に限定される目的税化をうたっています。

## 消費税は社会保障の目的税

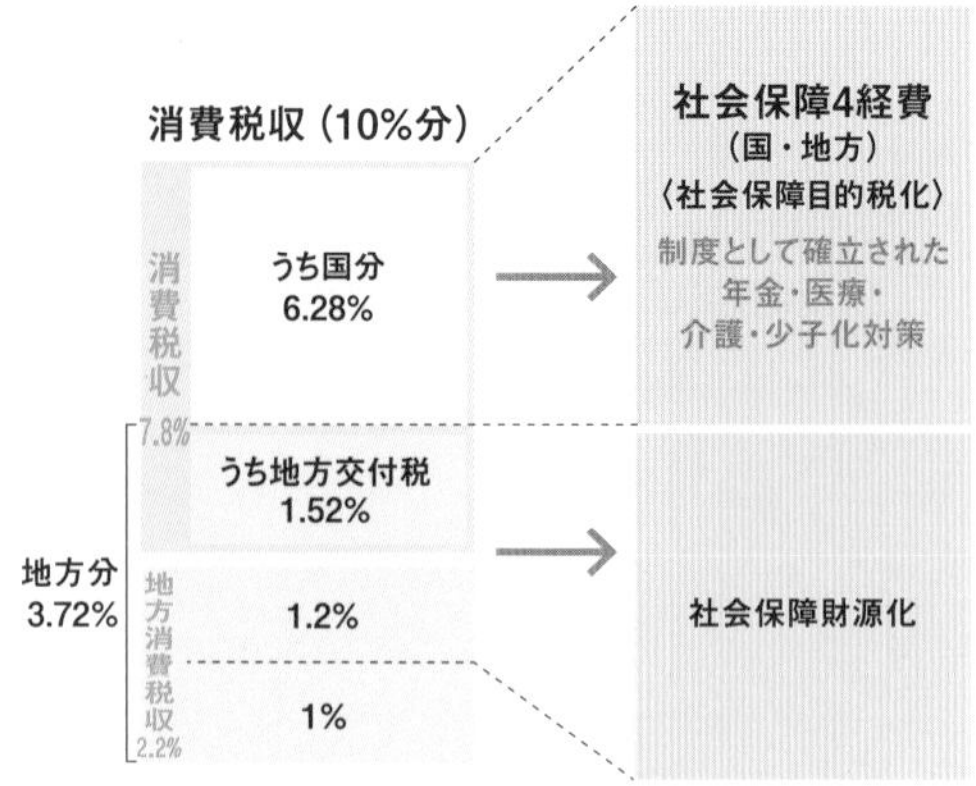


### 社会保障4経費の内訳

※令和6年度予算

| 項目 | 金額 |
| --- | --- |
| 年金 | 約13.4兆円 |
| 医療 | 約12.2兆円 |
| 介護 | 約3.7兆円 |
| 子育て支援 | 約3.4兆円 |

## 消費税の対象となる4つの要件

- 要件1　**国内において行うものであること**
- 要件2　**事業者が事業として行うものであること**
- 要件3　**対価を得て行うものであること**
- 要件4　**資産の譲渡、資産の貸付けもしくは役務の提供または特定仕入に該当すること**

要件を満たさない →

### 不課税取引

- **給与・賃金**
- **寄付金、祝金、見舞金**
- **保険金や共済金**

**など**

「事業者が事業として対価を得て行う取引」に当たらないもの。

要件を満たすが課税しない →

### 非課税取引

- **土地の譲渡および貸付け、住宅の貸付け**
- **有価証券等の譲渡**
- **銀行券、小切手、商品券などの譲渡**
- **介護保険サービス、学校教育**

**など**

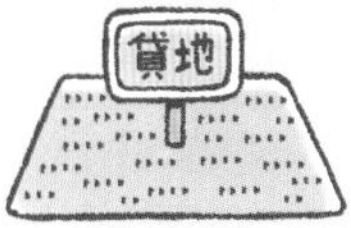


消費税という税の性格になじまない、「消費」が予定されていない取引。公共性という社会政策上の配慮。

支出の大きい社会保障費の財源として消費税が期待される理由は、4つの課税要件のもと、国内の消費活動ほぼ全てに課税される性質によるでしょう。ただし、消費税がかからない例外的な取引もあります。それらは要件を満たさない「不課税取引」と要件を満たすものの課税されない「非課税取引」に分かれます。**不課税取引は給与や寄付金など、対価を得て行う取引にあたらないもの。非課税取引は課税要件を満たすものの消費が予定されていない取引で、**土地の譲渡などが含まれます。

# 余分に納めすぎない仕入税額控除の仕組み

消費税の最終的な負担は消費者が担いますが、納付は事業者が行います。同様に、事業者同士の取引においても、商品・サービスを買った（仕入れた）事業者が消費税を支払い、売った事業者が納付を行います。もしも、**各事業者が売上にかかる消費税を丸ごと納めてしまうと、二重三重に消費税が納付されてしまいます**。なぜなら、売上にか

## 控除の仕組み

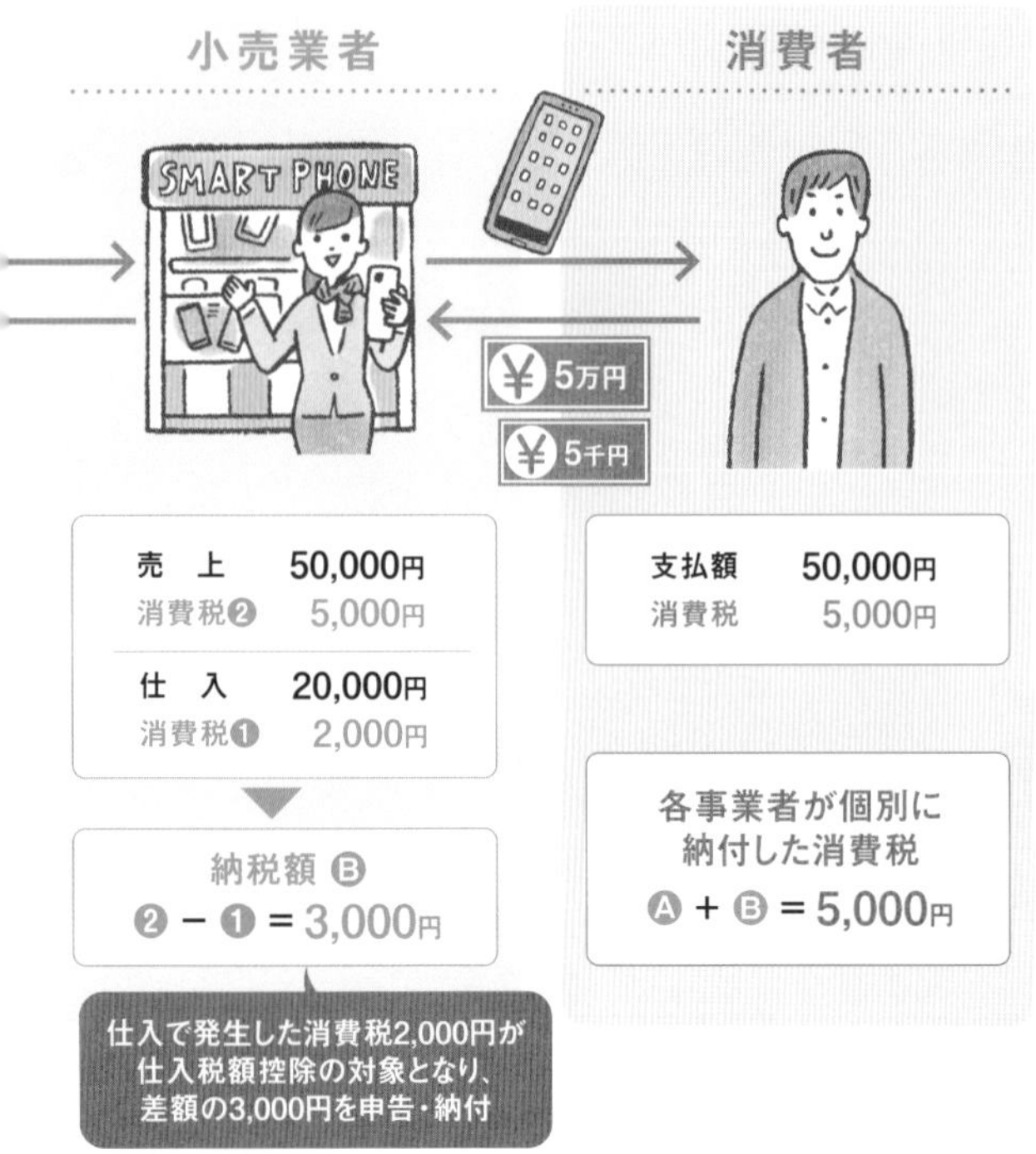

## 消費税の計算は複雑?

消費税を納税する立場にある事業者にとって、消費税の計算は課税取引とそれ以外、あるいは標準税率と軽減税率の取引が混在するため、経理の事務負担が大きい。そのため、小規模事業者には「受け取った消費税額×業種ごとの一定の割合（みなし仕入率)」による納付を認める簡易課税制度が設けられている。

弁護士は簡易課税制度の第5種事業にあたり、みなし仕入率が50%

小売業は簡易課税制度の第2種事業にあたり、みなし仕入率が80%

## 仕入税額

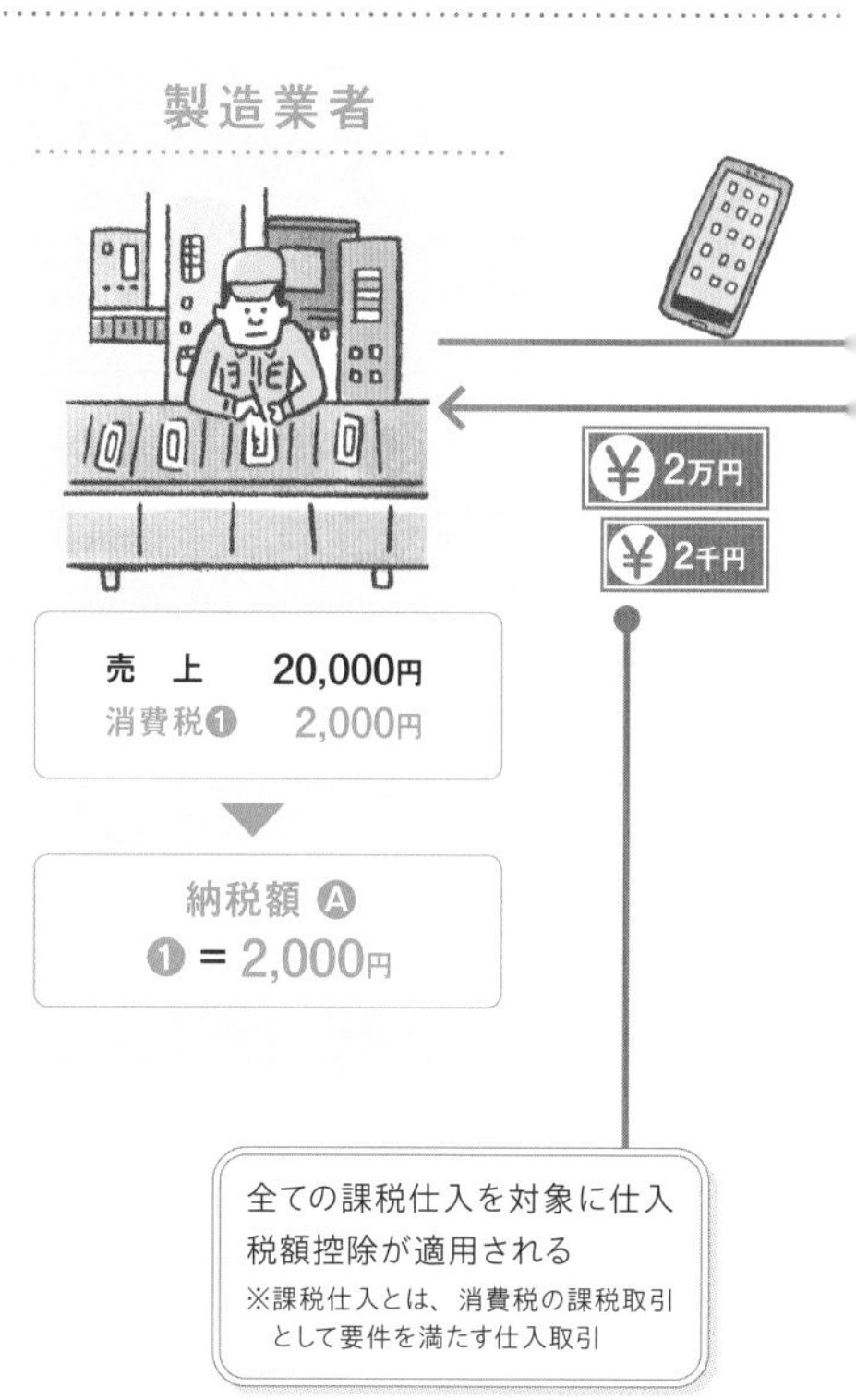


かる消費税には、仕入にかかった消費税、つまりすでに仕入先が納付している消費税が含まれるからです。これを防ぐために、仕入にかかる消費税額を控除する「**仕入税額控除**」という仕組みが採用されています。仕入税額控除とは、**消費税がかかる売上（課税売上）の消費税額から、消費税がかかる仕入（課税仕入）の消費税額を差し引くこと**。上図のように、事業者は仕入にかかった消費税を除いて納めることで、**消費税が重複して納付されることを防いでいる**のです。

Types
暮らしの税金

# 仕入税額控除を巡る新たなルール
# インボイス制度

## 課税事業者と免税事業者の比較

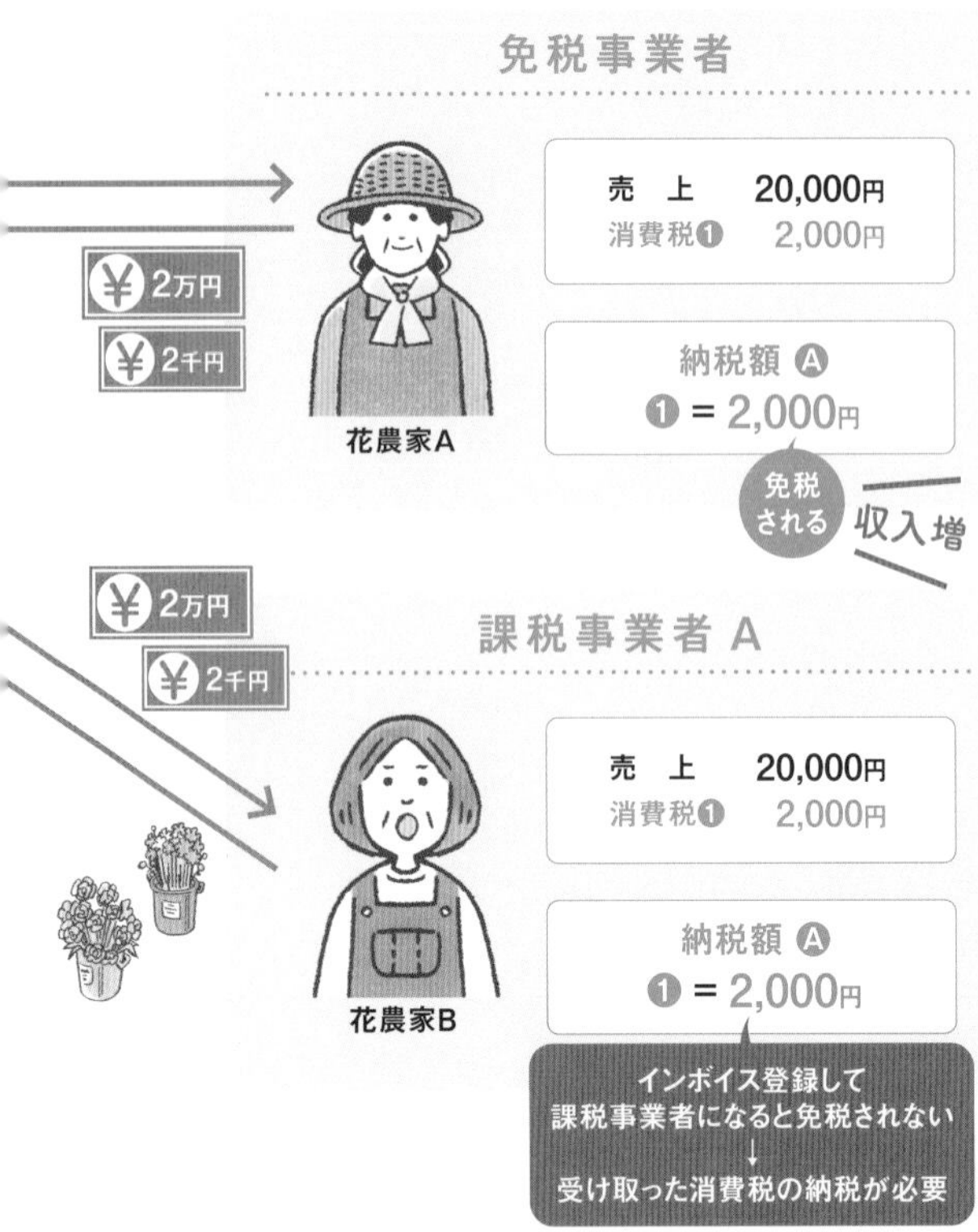


**インボイス制度**（適格請求書等保存方式）は消費税の仕入税額控除に関わる新しいルールです。大まかには、**適格請求書（インボイス）を売り手が買い手に発行しなければ、消費税の仕入税額控除が買い手に適用されない**というもの。適格請求書が発行されないと、支払った消費税を控除できず、買い手は売上の消費税を丸ごと納付することになります。

## インボイス制度における

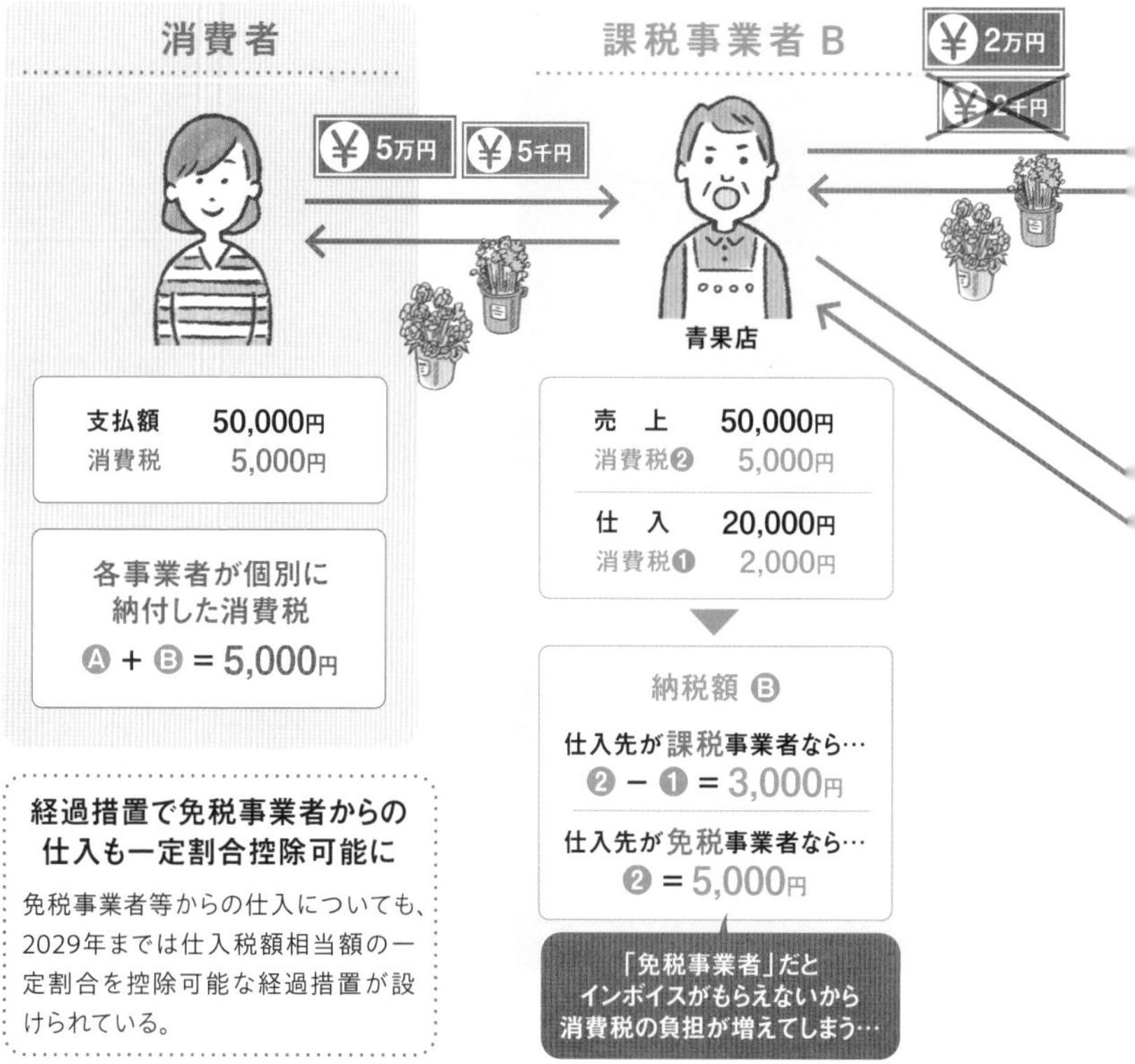


**経過措置で免税事業者からの仕入も一定割合控除可能に**

免税事業者等からの仕入についても、2029年までは仕入税額相当額の一定割合を控除可能な経過措置が設けられている。

適格請求書が発行されないケースは、免税事業者との取引が該当します。免税事業者は、課税売上高が1000万円に満たない事業者で、消費税の納付を免除されています。一方、適格請求書を発行するためには税務署へ登録して、課税事業者（消費税を納付する事業者）になる必要があります。制度の導入前と比べて、**仕入税額控除を受けられない事業者、もしくは課税事業者への転換を迫られる免税事業者らの税負担が増えるため、経過措置**が導入されました。

Types

暮らしの税金

# 生活へのインパクト大！ 消費税のこれまでの歩み

**1988年**

### 消費税反対を訴えたダンプカーのデモ

竹下政権下で消費税導入が推進される。消費税反対を訴え、ダンプカー57台を駆り出した労働者のデモも行われた。同年に消費税法が成立。

**1989年**

### 消費税3%の導入 駆け込み需要

スーパーなど小売店が値札の書き換えに追われる。施行直前には消費税特需により、ワープロなど高級品が買われ、生活用品の買い溜めも行われた。

**1990年**

1989年に導入されてから現在に至るまで、数多の反発もありながら段階的に引き上げられてきた消費税は、今や税収の主役になりつつあります。

　導入を巡っては、家計への影響が大きいこともあり当時から反対の声は大きく、ダンプカーによるデモが行われたことも。元々は大戦後の**シャウプ勧告**以来、**所得税中心の税収構造**だった日本。消費税の導入

### バブル崩壊後 消費税5%へ

橋本政権下で消費税5%がスタート。新税率に対応する電卓が登場。翌年の流行語は「日本列島総不況」に。

### 社会保障改革のもと 消費税8%へ

2012年に民主党の野田政権下で「社会保障と税の一体改革」関連法が成立。2014年に自民党の安倍政権下で消費税8%に引き上げ。

消費税引き上げは交通機関の運賃改定にも影響。

**2019年～**　…　**2012/2014年**　…　**1997年**

### 消費税10%へ 所得税の税収を超える

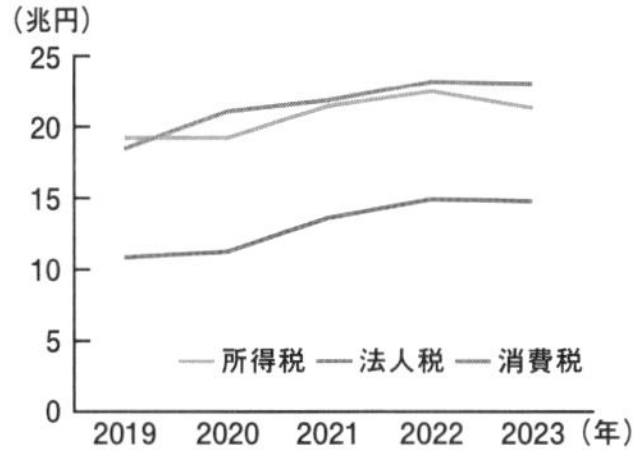


### 各国の付加価値税との比較

海外の消費税に相当する付加価値税と比べると、日本は先進国の中では低め。

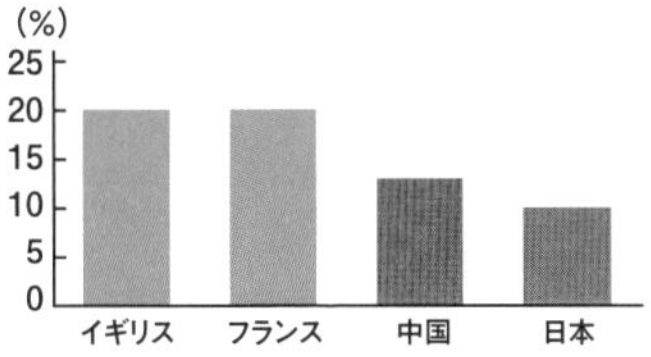


前は、間接税の役割は物品税（→P44）が担っていました。しかし、高齢化社会の訪れとともにより安定的な税収が求められ、物品税は廃止。消費税が導入されます。税率が3％から5％に引き上げられた1997年以降は、平成不況に突入する時期でもあり、増税＝不況の印象を世間に植え付けました。2020年には、**消費税の税収が所得税を超えて第一位の税収に**。とはいえ、今でも直間比率（→P29）は国際水準で比べると低いという一面も。今後の増税余地は、まだ残されているといえそうです。

# 暮らしに関わる酒・自動車・その他の税金

## 酒類にかかる税

酒類を4種類17品目に分け、個別に1klあたりの税額が定められている。酒税額、消費税額を足して小売価格で割ったものが酒税等負担率。

### 主な酒類と酒税等負担率

**発泡性酒類**

ビール

容量／350ml
アルコール／5.0%
酒税等負担率
39.5%

発泡酒

容量／350ml
アルコール／5.5%
酒税等負担率
35.1%

**醸造酒類**

ワイン

容量／720ml
アルコール／11.0%
酒税等負担率
17.5%

酒税率の違いを理由に発泡酒、第3のビールなどの商品が開発されてきた。しかし、2026年にビール系飲料の税率一本化が予定されており、政府は酒造メーカーの企業努力を台無しにしようとしている。

**蒸留酒類**

ウイスキー

容量／700ml
アルコール／43.0%
酒税等負担率
23.6%

商品・サービスにかかる税金は消費税以外もあります。

お酒にかかる**酒税はアルコール分1度以上の飲料にかかる**税金。4種類17品目に酒類を分類して、それぞれ異なる税率が適用されます。酒税の税収は1兆円規模で、税負担率が約6割に及ぶたばこ税と並びます。

自動車の保有には**毎年払う自動車税（軽自動車税）と**

## 暮らしに関わるその他の税

### たばこ税

1箱あたり価格の約60％が税金になる銘柄も。国たばこ税など4種類の税金が含まれる。

### 入湯税

自治体が入湯客に課す目的税。温泉施設の経営者が市町村に納める。

### ゴルフ場利用税

ゴルフ場の利用者に、利用日ごとに定額でかかる。年齢に応じた非課税・軽減措置がある。

## 自動車の所有にかかる税

自動車税・軽自動車税は年に1回、排気量に応じて課税。自動車重量税は新規登録・車検時に、車の重さに応じて課税。

例
- 購入価格：約128万円
- 年式：2021年
- 排気量：658cc
- オートマ車

軽自動車税 10,800円 ＋ 自動車重量税 3,300円

＝ 毎年次の合計額 14,100円

**主に車検時に払う自動車重量税**が課税されます。また、自動車の**購入時には自動車税、自動車重量税、消費税に加え、環境負荷に応じて課される環境性能割**がかかります。燃費性能などに優れた自動車には、自動車重量税を免税・軽減する「エコカー減税」と、自動車税・軽自動車税を軽減（代わりに新車登録から一定年数を経過すると税を重く）する「グリーン化特例」といった軽減措置があります。

他に、入湯税やゴルフ場利用税なども。地方税として少なからぬ税収を担っています。

Types

暮らしの税金

# 税金やお金にまつわる悩み 相談先はどうすれば？

**マイホーム購入**

- **銀行の相談窓口**
  住宅ローンの相談
- **ファイナンシャルプランナー**
  総合的なマネーライフプランを含めた相談
- **不動産会社**
  住宅選び、ローンの相談

**相続**

- **税理士**
  相続税の申告など
- **弁護士**
  遺産分割協議の代理人など
- **司法書士**
  不動産の名義変更（相続登記）

これまでに紹介してきた税金の基本的な仕組みをおさえた上でも、解消されない悩みや疑問はあることでしょう。いつかは直面しうる相続の問題。確定申告をすべきか、どのように記入すべきかという悩み。マイホームを購入する場合の正しい節税手続きなど…。税金の悩みは、手元に残したいお金の悩みと表裏一体。様々な場面で立ち上がってきます。

### 確定申告

- **税務署**
  手続き、申告内容の確認
- **税理士**
  書類の作成・提出、税務相談
- **青色申告会**
  青色申告に関する相談、交流

個人の所得税の確定申告については、申告時期が2月中旬から3月中旬と全国一律で決まっているため、税理士も応援に駆けつけて大きな相談窓口を開設しており、便利で親切。しかし、他の税目については、親切な対応はあまり期待できない。

### 起業

- **税理士**
  税金や会計の相談、税務手続き
- **社会保険労務士**
  社会保険や雇用の手続き
- **司法書士**
  定款の作成や認証、登記申請

税金にまつわる相談先は**税理士一択**。これは税理士法によって定められており、税理士以外が税務相談などに対応すれば違法となるためです。お金にまつわるライフイベントの悩みであれば、他の相談窓口も。遺産分割協議の代理人や調停には弁護士、不動産や会社の登記には司法書士が候補に上がります。また、相続や起業などについて、始めに税理士に相談して、トータルのプランニングから他の士業の紹介まで相談するといった方法もアリ。まずは**気軽に相談の一歩を踏み出すのが早道**です。

Column

5

# 税理士？ 税務署？ どちらに相談する？

## 税務署の相談窓口は 行政的に正しい回答を得られる

税務署の相談窓口は無料で利用できる点がメリット。ただし、得られる回答はあくまで行政的な事実で、アドバイスやコンサルティングは行いません。「確定申告の○○という部分について書き方がわからない」など、具体的かつ正しい回答を求める場合に利用するといいでしょう。

税務署は税目によって窓口が異なるため、様々な税目にまたがる総合的なアドバイスは期待できない。ただし、所得税の確定申告についてはとても親切で、丸投げに近いことができる場合も。

税務署と税理士はどちらも税の相談先ですが、その使い方は勝手が違います。確定申告は、税務署に出向けば無料でお手伝いしてくれます。ただし、あくまで行政的に正しい申告であって、納税者にとっては払い過ぎとなるケースも多々あります。また、将来のプランニングまで含めた相談などもできません。ちょっとした確定申告は会計クラウドサービスの利用でも問題ありませんが、税金の払い過ぎや、事業や相続の悩みがあれば税理士に相談してみましょう。

## 税理士の回答に疑問を感じたら セカンドオピニオンを検討

相続や事業の悩みなどでは、相談したものの納得できるアドバイスが得られないこともあるかもしれません。個々の事情は千差万別ですから、難しいケースではプロでも見解が分かれます。疑問が残る場合、別の税理士にセカンドオピニオンを求めるのもおすすめです。

# おわりに conclusion

## 「なんとなく知る」は大事なこと
## 明日から得をする税金リテラシーのために

さて、皆さん、いかがだったでしょうか。「『なるべくわかりやすく』とかいっておいて、十分ややこしいじゃないか！」とお叱りの声が聞こえてきそうです。でも、これは仕方ない。税金というものが、公平性を守るために、また、納税者の事情に配慮するために、そのルールは細かくややこしくなっているのです。誤解のないようにお伝えしようとすれば、ある程度のややこしさは、どうしても残ってしまうのです。

でも、思い出してください。私、冒頭で「なんとなく知っておいてもらう」っていってましたよね。この「なんとなく」は、ものすごく大事なことです。「なんとなく」でも、知ってさえいれば、後から自分で調べたり、専門家に相談したりすることができます。でも、全く知らなければ後の祭り。「知らない者は損をする」の一丁上がりです。

皆さんの税金に対するリテラシーが高まり、これから、それを上手に使いこなしておおいに得をしていただくことを心より願っています。

村形聡

# 次に読む本

## 教養としての「税法」入門

著者：木山 泰嗣、出版社：日本実業出版社
四六判／ 320 ページ／ 1 色

国税と地方税の違い、申告納税制度、源泉徴収制度といった「税法の基本」をはじめ、明確主義、合理性の原則、訴求立法禁止の原則といった「税法の基本原則」、そして、それぞれの「解釈」などを、武富士事件やホステス源泉徴収事件などの具体例を踏まえながら解説。税法の基本的な概念を知ることができる。

## ぶっちゃけ相続　増補改訂版

著者：橘 慶太 、出版社：ダイヤモンド社
A5 判／ 296 ページ／ 2 色刷

両親の通帳管理、“言った・言わない”の水掛け論、生前贈与、後妻 VS 前妻といった相続トラブルの例を多数挙げながら、相続にまつわる法律や税金の勘所を紹介。遺言書、相続税、不動産、税務調査といった相続に欠かせないあれこれについてわかりやすく丁寧に紐解く。トラブルなくスムーズな相続に役立つ知識が盛りだくさんの一冊。

## 図解わかる　税金

著者：芥川 靖彦 / 篠崎 雄二 、出版社：新星出版社
A5 判／ 232 ページ（年度により異なる）／ 2 色刷

毎年 4 月～ 5 月に、改正された税法に準じて、年度改訂されている本。身近な税金のしくみから役に立つ節税のポイントまで、「大増税時代」に身に着けたい正しい税金知識を解説する。豊富な実務経験を持つ税理士のプロによる、初心者から実務者まで今スグ役立つ一冊。

**監修者**　**村形聡**（むらかた・さとし）

税理士、公認会計士。税理士法人ゼニックス・コンサルティングCEO。慶應義塾大学経済学部卒業。大手監査法人にて、幅広い分野にわたる会計監査に従事するかたわら、株式公開支援業務として様々な業種に対するコンサルティング業務にも従事。独立後は、「会社を元気にする税理士」として税理士業務を主軸としながら、ベンチャー企業の経営コンサルティング業務、M&A支援コンサルティング、企業再生に関するコンサルティング業務、最近では、マーケティングや事業承継に関するコンサルティングにも力を注いでいる。

本書の内容に関するお問い合わせは、**書名、発行年月日、該当ページを明記**の上、書面、FAX、お問い合わせフォームにて、当社編集部宛にお送りください。**電話によるお問い合わせはお受けしておりません**。また、本書の範囲を超えるご質問等にもお答えできませんので、あらかじめご了承ください。

FAX：03－3831－0902

お問い合わせフォーム：https://www.shin-sei.co.jp/np/contact-form3.html

落丁･乱丁のあった場合は、送料当社負担でお取替えいたします。当社営業部宛にお送りください。



サクッとわかる ビジネス教養　**税金とお金**

2024年4月25日　初版発行

監修者　村形　聡
発行者　富永靖弘
印刷所　公和印刷株式会社

発行所　東京都台東区台東2丁目24　株式会社 新星出版社
〒110－0016　☎03(3831)0743



Printed in Japan

ISBN978-4-405-12027-3